Nicole Stich

Shiok Singapur

Kulinarischer Streifzug durch Asiens Melting Pot

INHALT

ZUBEREITUNGSZEITEN

 DAUERT HÖCHSTENS 30 MINUTEN

 BIS ZU 1 STUNDE ZEIT EINPLANEN

 MUSS LÄNGER MARINIEREN, KÜHLEN ODER RUHEN

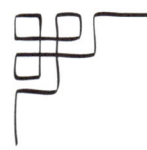

SEIT EINIGEN MINUTEN SCHON ...

... hatte ich das Gefühl, dass sich die beiden älteren asiatischen Ladies am Nebentisch im Mei Heong Yuen über uns unterhielten und ich hatte mich nicht getäuscht: In englischer Sprache stellte eine der beiden fest, dass wir wohl Desserts lieben würden — es standen immerhin vier verschiedene auf unserem kleinen Zweiertisch — und sie fragte neugierig, welches uns am besten schmeckt und wo wir herkamen. Daraus entspann sich ein lebhaftes Gespräch, wir einigten uns auf das kunstvoll aufgetürmte Mango Snow Ice und darauf, dass das Ah Chew trotzdem unser Lieblingslokal für Nachspeisen bleiben würde. Bevor wir uns verabschiedeten, zückte ich noch mein Handy und notierte mir die Hawker-Tipps, die sie uns ans Herz gelegt hatten.

Kleine Begebenheiten wie diese sind ein Grund, warum der kleine Inselstaat zwischen Malaysia und Indonesien mein Herz erobert hat. Wo immer man in Singapur unterwegs ist, das Thema Essen ist allgegenwärtig, es wird mit Begeisterung zelebriert und diskutiert. Dazu kommen vielfältige Einflüsse aus nahezu allen asiatischen Länderküchen sowie Trendbewusstsein und Innovationsgeist — ich bin jedes Mal aufs Neue überrascht, wie rasant sich Singapur alleine in den letzten zehn Jahren in denen ich es regelmäßig bereist habe, weiterentwickelt hat. Es wird niemals langweilig, auf kulinarische Entdeckungstour zu gehen. Oder sind Sie schon einmal von Indien nach China gereist, in sagenhaften zehn Minuten? Mit Singapurs MRT-Bahn (North East Line) sind das gerade einmal drei Haltestellen!

SHIOK SINGAPUR enthält eine bunte Mischung traditioneller Gerichte, die untrennbar mit Singapur verbunden sind, wie auch moderne Rezepte, die ich vor Ort für mich entdeckt habe und die ebenfalls den Weg in meine Küche gefunden haben — so authentisch wie möglich und so alltagstauglich wie nötig zubereitet. Denn selbst wenn manche Rezepte Stoff für eine mehrseitige Abhandlung zu unterschiedlichen regionalen Einflüssen und Zubereitungsarten liefern könnten, dieses Buch hat eine simple Mission: Es soll Sie zum Schlemmen und Entdecken verführen. Ganz egal, ob die asiatische Küche Sie schon länger begeistert hat oder Sie zum ersten Mal reinschnuppern, Sie werden es nicht bereuen!

Nicole Stich

PS: Übrigens freue ich mich riesig über jedes Fotos von einem von Ihnen zubereiteten Rezept aus SHIOK SINGAPUR. Posten Sie es einfach zusammen mit dem Hashtag #shioksingapur auf Instagram oder Twitter!

SHIOK SINGAPUR — KURZ & KNAPP

Ausrüstung: Mein allererster Wok kostete keine 20 DM und leistete mir über zehn Jahre treue Dienste. Zur Not tut's auch eine weite Pfanne, aber wenn Sie erstmal einen Wok haben, werden Sie ihn nicht mehr missen wollen. Im Gegensatz zum üblichen Kochgeschirr ist hier gerade kein dicker Boden erwünscht, da er sich einerseits schnell erhitzen lassen, andererseits diese Hitze aber nicht speichern soll. Profis schwören auf die fachkundig eingebrannte Carbonstahl-Variante. Der Rest ist nicht asienspezifisch, etwa gute Messer, eine Möglichkeit zum Dämpfen, eine Küchenmaschine (v.a. zum Zerkleinern und Kneten), etc.

Zutaten: Haben Sie schon Gefallen an der asiatischen Küche gefunden, dann werden Sie einiges davon bereits im Vorratsschrank haben. Wagt man sich dagegen neu an diese Kochregion, fühlt man sich schnell von den vielen Zutaten überfordert. Ein Tipp, der mir geholfen hat: Konzentrieren Sie sich auf EIN Rezept, das Sie zubereiten möchten, lesen Sie die Infos zu den Zutaten (S. 190 ff), damit Sie verstehen, was Sie warum verwenden. In kleinen Häppchen ist selbst ein unendliches Feld wie das der asiatischen Küche nicht mehr so einschüchternd.

Zeitangaben & Portionsgrößen: Wie lange Sie für ein Rezept brauchen, hängt von Ihrem persönlichen Arbeitsstil ab, Zubereitungszeiten sind als grobe Orientierungshilfe zu sehen. Ähnlich verhält es sich mit den Portionsgrößen und dem individuellen Hunger (schlaue Hawker bieten deshalb bis zu drei verschiedene Portionsgrößen an!). Enthält eine Angabe eine größere Spanne wie z.B. „2—4 Portionen", dann werden zwei Esser satt davon, aber es reicht auch für vier kleine Portionen.

Schärfe, Gewürze & Co.: Seit eine Freundin eine Lasagne (!) als „ziemlich scharf" bezeichnet hat, weiß ich, dass Gewürze und Schärfe höchst individuell wahrgenommen werden. Im Zweifel ist allein IHR persönlicher Geschmack maßgeblich. Vertragen Sie z.B. wenig Schärfe, reduzieren Sie diese dementsprechend bzw. schmecken öfter zwischendurch ab, denn die Rezepte sind auch in Sachen Schärfe authentisch gehalten. Vermissen Sie dagegen einen Tick Süße, etwas Sojasauce ... vertrauen Sie Ihrem Geschmackssinn und zögern Sie nicht nachzuwürzen.

Experimentierfreude: Dieses Buch richtet sich an leidenschaftliche Genießer, an Menschen, die ihren kulinarischen Horizont erweitern möchten und keine Angst vor neuen Geschmackserlebnissen haben. Sie mögen keinen Koriander, keinen Schweinebauch und finden, Fischsauce riecht unerträglich? Vielleicht haben Sie dann einfach noch nicht das eine Rezept gefunden, das Sie überzeugt? Außerdem braucht unser Geschmackssinn manchmal länger, um sich an neue Aromen zu gewöhnen. In den allermeisten Fällen lohnt es sich, über den eigenen Schatten zu springen. Probieren Sie es aus — immer wieder.

Genuss: Meine Motivation zum Kochen und Backen ist allein der Genuss. Weswegen die Rezepte keinerlei ernährungsideologischen Überlegungen unterworfen sind, nur dem einen Wunsch: Dass man danach satt vor einem leeren Teller sitzt und sich ein Gefühl von Zufriedenheit und Glückseligkeit breit macht. Natürlich sollen Sie nicht jeden Tag mit Schweineschmalz kochen oder Choux Puffs mit Sahnefüllung essen — wie bei allem kommt es auf Ausgewogenheit an. Aber wenn Sie es mal tun, dann ohne schlechtes Gewissen.

FRÜHSTÜCK & SNACKS

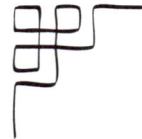

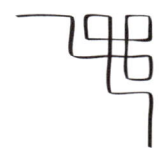

CHWEE KUEH

— GEDÄMPFTE REISKÜCHLEIN MIT EINGELEGTEM RETTICH —

Das Tiong Bahru Market und Food Centre liebe ich seit meinem ersten Singapur-Besuch. Wieder einmal schlenderte ich orientierungslos umher, bis mein Blick an einem Tisch hängen blieb. Auf braunem Papier türmten sich weißliche Küchlein mit einem undefinierbaren Topping. Vater und Sohn verschlangen diese offensichtlichen Köstlichkeiten. Als sie meine Neugierde bemerkten, wurde ich umgehend an Stand Nr. 5 geschickt, der, wie ich später herausfand, berühmt für seine Chwee Kueh ist. Es war Liebe auf den ersten Blick und Biss!

FÜR 8—10 STÜCK

FÜR DAS TOPPING:

100 g salzig eingelegter Rettich
(Chai Poh)
2 Schalotten
3 Knoblauchzehen
½ große rote Chilischote
(nach Belieben)
50 g Schweineschmalz
(ersatzweise Erdnussöl)
1—2 TL dunkle Sojasauce
1 TL helle Sojasauce
1 TL Fischsauce
1—2 TL Sesamöl
2 TL Palmzucker
feines Meersalz
weißer Pfeffer aus der Mühle

FÜR DIE KÜCHLEIN:

100 g Reismehl
30 g Tapiokastärke
1 EL Erdnussöl
¾ TL feines Meersalz

AUSSERDEM:

großer Bambuskorb und passender
Topf zum Dämpfen
runde Metallförmchen (6—7 cm Ø)
Erdnussöl für die Förmchen

1. Für das Topping den eingelegten Rettich in einer Schüssel mit kaltem Wasser bedecken und etwa 10 Minuten einweichen (schmeckt so weniger salzig). Die Schalotten und den Knoblauch schälen und in kleine Würfel schneiden. Eventuell die Chilischote entkernen, waschen und fein hacken. Den großen Bambuskorb in einen passenden Topf setzen, der mit etwas Wasser gefüllt ist. Die Förmchen mit wenig Erdnussöl einfetten und nebeneinander in den Bambuskorb stellen.

2. Für die Küchlein Reismehl, Tapiokastärke, Erdnussöl und Salz mit 150 ml kaltem Wasser in einer Schüssel verrühren, bis keine Klümpchen mehr vorhanden sind. Nun langsam 200 ml kochend heißes Wasser dazugießen und dabei fortwährend weiterrühren (der Teig erhält so die richtige Konsistenz und trennt sich später beim Dämpfen nicht wieder).

3. Das Wasser im Topf aufkochen, dabei die Förmchen bereits mit erhitzen. Den Teig in die vorbereiteten Förmchen gießen und die Reisküchlein zugedeckt etwa 20 Minuten dämpfen.

4. Inzwischen das Topping zubereiten: Den Rettich gut ausdrücken und fein hacken. Das Schweineschmalz in einer Pfanne erhitzen. Darin Schalotten, Knoblauch und eventuell die Chili glasig andünsten. Rettich dazugeben und bei mittlerer Hitze 6 bis 8 Minuten unter Rühren braten. Mit beiden Sojasaucen, Fischsauce, Sesamöl, Palmzucker, Salz und Pfeffer würzen und warm halten.

5. Die Förmchen aus dem Bambuskorb nehmen (Achtung, heiß!), Küchlein mit einem Messer rundherum lösen (ich säubere das Messer zwischendurch mit Küchenpapier, auf das ich etwas Öl getropft habe, dann geht das deutlich besser) und direkt auf den Tellern platzieren. Großzügig das Topping darüber verteilen und die Chwee Kueh sofort servieren.

MEIN TIPP: Wer keine Metallförmchen in der passenden Größe besitzt, kann auch auf kleine Porzellanschalen, Muffin-Cups (aus Silikon) oder Backformen für Pastéis de Nata ausweichen.

ZUBEREITUNG: CA. 40 MINUTEN

PANEER BHURJI

— SCHARFES RÜHREI MIT ZERKRÜMELTEM PANEER —

Wer Paneer und Rühreier mag, wird dieses indische Frühstücksrezept lieben! Der Frischkäse wird zerkrümelt und erst kurz vor Schluss mitgebraten. So bekommt er eine himmlisch-schmelzige Konsistenz, die perfekt mit der bunten Gewürzmischung harmoniert.

FÜR 4 PORTIONEN

4 Eier
1 große rote Zwiebel
2 Knoblauchzehen
1–2 grüne Chilischoten
250 g Cocktailtomaten
200 g Paneer (am besten selbst gemachter, siehe S. 182)
4–6 Stiele Koriandergrün
3 EL Butter
1 TL Garam Masala
½ TL gemahlener Kreuzkümmel
½ TL gemahlene Kurkuma
feines Meersalz
Chilipulver (nach Belieben)

1. Die Eier in eine Schüssel aufschlagen und mit der Gabel verrühren. Die Zwiebel schälen, halbieren und in dünne Streifen schneiden. Den Knoblauch schälen, die Chilischoten längs halbieren, entkernen und waschen, beides fein hacken. Die Cocktailtomaten waschen und klein schneiden. Den Paneer in eine Schüssel krümeln. Das Koriandergrün abbrausen und trocken schütteln, die Blätter abzupfen und grob hacken.

2. In einer großen beschichteten Pfanne die Butter schmelzen. Die Zwiebel, den Knoblauch und die Chilischote dazugeben, mit Garam Masala, Kreuzkümmel und Kurkuma bestäuben. Alles andünsten, bis die Zwiebel glasig ist und die Gewürze aromatisch duften.

3. Die Cocktailtomaten in die Pfanne geben und alles bei starker Hitze so lange unter Rühren braten, bis der Pfanneninhalt mehr fest als flüssig erscheint. Jetzt die Hitze reduzieren, den Paneer dazugeben und 2 Minuten mitbraten. Die Eier dazugießen und gelegentlich durchmengen, bis sie gestockt sind.

4. Paneer Bhurji mit Salz und eventuell etwas Chilipulver würzen und mit dem gehackten Koriander bestreuen. Sofort servieren — entweder pur, mit Toastbrot oder Roti Prata (siehe S. 184).

ZUBEREITUNG: CA. 25 MINUTEN

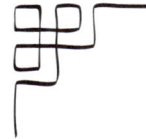

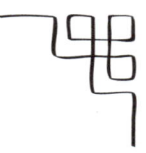

NASI LEMAK

— MALAYSISCHES REISGERICHT —

Ein Gericht, dem ich Abbitte leisten muss. Nasi Lemak war eines der ersten Gerichte, die ich vor vielen Jahren in Singapur gegessen habe – und es war eine riesige Enttäuschung. Vom Reis bis zum labbrigen Hühnchenschenkel, alles schmeckte unfassbar fad, und Nasi Lemak rutschte auf meinem persönlichen Muss-ich-wieder-essen-Index auf die hintersten Plätze. Erst viele Jahre später gab ich ihm eine neue Chance und wurde belohnt: Es hatte so gut wie nichts mit der ersten Version zu tun. Die Erdnüsse waren frisch geröstet und der Reis duftete betörend nach Kokos und Pandan. Und schafft man es tatsächlich, aus den vielen Komponenten den „perfekten Bissen" auf einer Gabel zu versammeln, dann versteht man sofort, warum dieses Gericht so beliebt ist.

FÜR 2 PORTIONEN

FÜR DEN REIS:

150 g Jasminreis
130 g Kokosmilch
¼ TL feines Meersalz
2 Pandanblätter

FÜR DAS NASI LEMAK:

2 Eier
½ Salatgurke
60 g Erdnusskerne (mit Haut)
4 EL Öl
25 g getrocknete kleine
Anchovis (Ikan Bilis)
2–3 EL Sambal Tumis Belachan
(siehe S. 166)

1. Den Jasminreis mehrfach waschen und in einem Sieb abtropfen lassen. Den Reis mit 130 ml Wasser, der Kokosmilch und dem Salz in einen Topf geben. Die Pandanblätter abbrausen, trocken tupfen, aufeinanderlegen und zusammen verknoten (so geben sie mehr Aroma ab und passen zudem besser in den Topf). Die Blätter mit in den Topf geben, alles aufkochen und den Reis garen. Details zum Reis waschen und kochen siehe S. 106/107.

2. Inzwischen für das Nasi Lemak die Eier in kochendem Wasser 10 bis 12 Minuten hart kochen, kalt abschrecken, pellen und halbieren. Die Gurke waschen und in nicht zu dünne Stücke schneiden. Die Erdnusskerne mit 1 EL Öl in eine Pfanne geben und 2 bis 3 Minuten rösten, herausnehmen und in eine kleine Schüssel geben. Die Anchovis im übrigen Öl in der Pfanne goldbraun braten, anschließend auf Küchenpapier entfetten.

3. Zum Servieren den fertigen Reis etwas auflockern, zum Formen in Schälchen drücken und als kleine Halbkugeln in die Mitte der Teller stürzen. Gurke, Erdnüsse, Anchovis, hart gekochte Eier und das Sambal daneben anrichten.

MEINE TIPPS: Möchte man Reis und Nasi Lemak stilecht auf Bananenblättern (frisch oder TK-Ware, Asienladen) anrichten, schneidet man diese mit einer Küchenschere in die gewünschte Form, säubert sie mit einem feuchten Küchenpapier und legt die Teller damit aus.
Traditionell werden dazu auch gebratene Fisch- oder Hähnchenstücke serviert. Eine prima Gelegenheit, um die Reste von Beef Redang (siehe S. 122), Chicken Wings (siehe S. 110) oder einem simplen Brathähnchen zu verwenden.

ZUBEREITUNG: CA. 30 MINUTEN

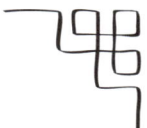

KIMCHI PANCAKES

— PFANNKUCHEN MIT FERMENTIERTEM KOHL —

Aus einem superschnell zusammengerührten Teig mit koreanischem fermentiertem Kohl wurde ein beliebter asiatischer Snack, der sich nicht nur auf dem Frühstückstisch gut macht. Dafür lohnt es sich sogar, Kartoffelstärke anzuschaffen — sorgt sie doch dafür, dass die Pancakes extra knusprig gelingen.

FÜR 4 STÜCK

200 g Kimchi (samt etwas Flüssigkeit, siehe S. 174)
2 Eier (M oder L)
1 TL koreanische Chiliflakes (Gochugaru)
2 Frühlingszwiebeln
50 g Mehl
50 g Kartoffelstärke
¼ TL Zucker
¼ TL feines Meersalz
2–3 EL Öl
2 TL helle Sesamsamen

AUSSERDEM:

Frühlingszwiebelringe und helle Sesamsamen zum Bestreuen
würzige Chilicreme (z.B. Sriracha Mayo Sauce) zum Servieren

1. Ein großes Sieb in eine Schüssel hängen. Den Kimchi samt der Flüssigkeit in das Sieb geben und den Kohl mit einer Suppenkelle gut ausdrücken — es sollten mindestens 3 bis 4 EL Kimchi-Flüssigkeit herausgepresst werden, damit die Pancakes den typischen Geschmack und die typische Farbe bekommen. (Ist der Kimchi sehr trocken, vor dem Ausdrücken erst noch mit 2 bis 3 EL Wasser verrühren und kurz stehen lassen.) Die Eier und Chiliflakes zur Kimchi-Flüssigkeit in die Schüssel geben, verrühren.

2. Die Frühlingszwiebeln putzen und waschen, dunkelgrüne Teile abschneiden. Die weißen und hellgrünen Teile der Frühlingszwiebeln ebenso wie den ausgedrückten Kimchi fein hacken. Gehackte Zwiebeln und Kohl mit dem Mehl und der Kartoffelstärke zur Eiermischung geben. Alles mit einer Gabel verrühren, dabei esslöffelweise so viel Wasser dazugeben, bis der Teig sämig, aber eher dickflüssig ist. Mit Zucker und Salz würzen.

3. In einer Pfanne nacheinander etwas Öl erhitzen und darin 4 Pancakes backen: Ein Viertel des Teiges in die Mitte der Pfanne schöpfen und den Teig mit dem Löffelrücken zu einem runden, dicken Pfannkuchen verteilen (auch möglich: mehrere kleine Pancakes formen). Mit etwas Sesamsamen bestreuen und den Pancake 2 bis 3 Minuten bei mittlerer Hitze stocken lassen. Sobald die Unterseite goldbraun ist, den Pancake mit einem Pfannenwender umdrehen und auch die andere Seite bräunen.

4. Fertige Pancakes aus der Pfanne nehmen, vierteln, sechsteln oder ähnlich einem Schachbrett in mundgerechte Stücke schneiden. Die Pancakes auf Teller verteilen, mit Frühlingszwiebelringen und Sesamsamen bestreuen und heiß mit der Chilicreme (oder auch pur) servieren.

MEIN TIPP: Ein Dip aus heller Sojasauce, Reisessig und Wasser (Verhältnis 2:1:1) passt ebenfalls zu den Pancakes. Wer mag, kann den Dip noch mit weiteren Zutaten (etwa ein wenig braunem Zucker, Sesamöl, Sesamsamen, Chiliflakes, gehackten Frühlingszwiebeln) verfeinern.

ZUBEREITUNG: CA. 30 MINUTEN

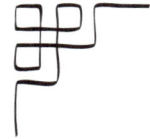

WÜRZIGER EIERFLAN

─── CHAWAN MUSHI ───

„Ginza Tendon Itsuki" (ein Ableger des Keisuke-Restaurant-Imperiums) war mir wegen seiner Tempura Bowls empfohlen worden, und die lange Schlange vor der Türe, die sich schon vor der Öffnungszeit gebildet hatte, bestätigte den populären Ruf des Lokals. Nicht nur, dass man sich die Wartezeit mit selbst gezapftem Tee vertreiben konnte, auch das Essen hat bei mir einen bleibenden Eindruck hinterlassen. Allem voran das samtigste Chawan Mushi, dass ich je gegessen habe.

FÜR 4 PORTIONEN

FÜR DEN EIERFLAN:

300 ml kalte Dashi-Brühe (jap. Fisch-sud) oder Hühnerbrühe (am besten selbst gemachte, siehe S. 178)
1 EL Reiswein (z.B. Mirin oder Shao-xing)
1½–2 EL helle Sojasauce
3 Eier (L)

FÜR DAS TOPPING:

2 Frühlingszwiebeln
100 g Pilze (z.B. Champignons oder Shiitake)
1 EL Öl
feines Meersalz
weißer Pfeffer aus der Mühle
½ TL Sesamöl

AUSSERDEM:

großer Bambuskorb und passender Topf zum Dämpfen
4 Chawan-Mushi-Cups (à 120–150 ml, ersatzweise hitzebeständige Tassen oder Porzellanförmchen)
1 Handvoll Eiswürfel für ein kaltes Wasserbad

1. Für den Flan die Brühe kräftig mit Reiswein und Sojasauce würzen. Da die Eier später einiges an Aroma „schlucken", nicht zu zaghaft abschmecken. (Natürlich kann man auch die finale Eiermischung würzen, aber das Verkosten von rohen Eiern ist nicht jedermanns Geschmack). Die Eier in eine Schüssel aufschlagen, verrühren und zur Brühe geben. Alles gut verrühren, dabei aber möglichst wenig Luft einarbeiten, da der Flan sonst keine schöne glatte Oberfläche bekommt.

2. Einen großen Bambuskorb in einen passenden Topf setzen, der mit etwas Wasser gefüllt ist. Die Eiermischung durch ein Sieb (so werden feste Eirückstände entfernt) in die Cups gießen. Die Cups mit Alufolie abdecken und nebeneinander in den Bambuskorb setzen. Den Flan im geschlossenen Topf über leicht siedendem Wasser 14 bis 18 Minuten garen. Dabei darauf achten, dass das Wasser wirklich nur leicht simmert — wird die Eiermischung nämlich über 80°C erhitzt, flockt sie aus und verliert ihre samtige Konsistenz.

3. Inzwischen für das Topping die Frühlingszwiebeln putzen und waschen. Die dunkelgrünen Teile in 6 cm lange Stücke und diese längs in 1 bis 2 mm dicke Streifen (je feiner, desto besser!) schneiden. In eine Schüssel mit kaltem Wasser und den Eiswürfeln geben. Nach nur wenigen Minuten biegen sich die Frühlings-zwiebelstreifen in dekorative Locken, diese auf Küchenpapier abtropfen lassen.

4. Die Pilze putzen und wie auch die übrigen Frühlingswiebeln in feine Würfel schneiden. Das Öl in einer Pfanne erhitzen. Darin die Pilz- und Zwiebelwürfel goldbraun anrösten. Mit Salz, Pfeffer und Sesamöl abschmecken.

5. Nach 14 Minuten Garzeit das erst Mal testen, ob der Eierflan schon fest ist. Dazu mit einem Messer hineinstechen — bleibt es sauber, ist der Flan fertig. Sonst weiterdämpfen. Fertige Chawan Mushi mit den gerösteten Pilzen sowie den Frühlingszwiebellocken garnieren, heiß oder lauwarm servieren.

MEIN TIPP: Chawan Mushi eignen sich sehr gut als kulinarische Spielwiese. Ich habe sie schon mit gebratenem Hackfleisch, klein gehacktem Räucherfisch, marinierten Krabben oder fein gewürfeltem Gemüse serviert. Und wer kreativ werden will, verziert sie mit dekorativ ausgestochenen Karottenscheibchen.

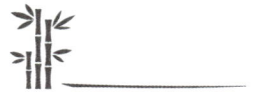

ZUBEREITUNG: CA. 30 MINUTEN

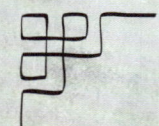

EI, EI, EI!

Wer Eier mag, hat noch einen weiteren Grund, asiatische Küche zu lieben. Ganz egal ob pochiert, wachsweich eingelegt oder gebraten — Eier sind immer ein finales i-Tüpfelchen. Verwenden Sie am besten nur ganz frische Eier von freilaufenden Hühnern, optimalerweise in Bio-Qualität. Ja, man schmeckt den Unterschied!

EIN GEBRATENES EI ...

... etwa für Fried Rice. Dazu den Pfannenboden gut mit Öl bedecken und ordentlich erhitzen, bevor man das Ei aufschlägt und sanft in die Pfanne gleiten lässt. Vorsicht, es wird zischen und Getöse veranstalten! Die Hitze nun ein wenig reduzieren und das Ei 1 bis 2 Minuten fertig braten lassen, die Ränder sollen knusprig gebräunt sein. Das Spiegelei mit dem Pfannenwender behutsam vom Pfannenboden ablösen (ohne den Dotter zu zerstören) und auf dem Fried Rice anrichten.

EIN WACHSWEICHES EI ...

... etwa für eine Noodle-Bowl. Dazu einen kleinen Topf mit ausreichend Wasser aufkochen. Das Ei (M oder L) anstechen und mit einem Esslöffel ins Wasser gleiten lassen. Mit dem Löffel in Bewegung halten — so garantiert man eine perfekte Platzierung des Dotters. Kommt das Ei aus dem Kühlschrank, sollte es etwa 7 Minuten kochen, hat es Raumtemperatur, reichen 6 Minuten für ein wachsweiches Eigelb. Das Ei mehrere Minuten kalt abschrecken und vorsichtig (!) pellen.

EIN POCHIERTES EI ...

... etwa für ein Stir-Fry. Die unkomplizierteste Methode wird dem Sternekoch Heston Blumenthal zugeschrieben, sehr frische Eier (haben eine schön feste Eiweißstruktur) sind dafür Grundvoraussetzung. Dazu in einem weiten Topf ausreichend Salzwasser erhitzen (es soll simmern, aber nicht kochen!). Das Ei in ein feines Sieb aufschlagen und darin sanft hin- und herrütteln. So fließt der besonders flüssige Teil des Eiweißes ab und es entstehen später weniger lose Eiweißfetzen. Nun mit einem Löffel einen Wirbel im Salzwasser kreieren, das Ei vorsichtig aus dem Sieb ins Wasser gleiten und stocken lassen. Je nach Eigröße und gewünschtem Gargrad 2 bis 3 Minuten pochieren, auf dem Schaumlöffel abtropfen lassen und direkt servieren. Auf diese Weise kann man auch mehrere Eier gleichzeitig pochieren, sie müssen aber bereits in Schälchen aufgeschlagen bereitstehen. Für einen Vorrat die pochierten Eier sofort in einen Behälter mit kaltem Wasser geben und gut verschlossen im Kühlschrank aufbewahren (geht sogar tagelang). Vor dem Servieren einfach kurz in heißem Wasser erhitzen.

EIN EINGELEGTES EI (AJITSUKE TAMAGO) ...

... etwa für Ramen. Dazu wachsweiche Eier (siehe links) zubereiten und mindestens 5 bis 10 Minuten in kaltem Wasser (oder Eiswasser) abkühlen lassen, bevor man sie behutsam pellt. nzwischen für die Marinade pro Ei 1 EL helle Sojasauce, 1 EL Mirin und 3 EL Wasser oder Brühe in einen verschließbaren Gefrierbeutel geben. Geschälte Eier in den Beutel legen und die Luft herausdrücken. Die Eier mindestens 12, höchstens 24 Stunden im Kühlschrank durchziehen lassen, dabei zwischendurch auch mal wenden, damit sie eine gleichmäßige Farbe annehmen.

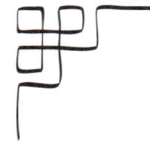

SPIRAL CURRY PUFFS

— FRITTIERTE GEFÜLLTE TEIGTÄSCHCHEN —

Spiral Curry Puffs bereitet man nicht einfach mal so zu. Man sollte schon ein paar Stunden dafür reservieren, keine Angst vorm Arbeiten mit ungewohnten Teigen und dazu noch Lust auf Handarbeit haben. Das klingt abschreckend? Gut möglich. Aber wer diese Teigtäschchen schon selbst gemacht hat, ist für immer bekehrt. So umwerfend gut schmecken sie! Dabei hat die ansprechende Optik der spiralförmig verbundenen Teige auch einen praktischen Vorteil: Die Curry Puffs bleiben länger knusprig!

FÜR 16—20 STÜCK

FÜR DIE FÜLLUNG:

2 Eier
2 Zwiebeln
1 Knoblauchzehe
½ rote Chilischote
500 g festkochende Kartoffeln
250 g Hähnchenbrustfilet
10—12 frische Curryblätter (nach Belieben; ersatzweise tiefgekühlt)
3 EL Sonnenblumenöl
2 EL Currypulver
1 TL Zucker
250—350 ml Hühnerbrühe
(am besten selbst gemachte,
siehe S. 178)
feines Meersalz

FÜR DEN WASSERTEIG:

300 g Mehl
1 EL Zucker
¾ TL feines Meersalz
3 EL Sonnenblumenöl

FÜR DEN FETTTEIG:

150 g Mehl
75 g sehr kalte Butter

AUSSERDEM:

Mehl zum Arbeiten
1 l Öl zum Frittieren

1. Für die Füllung die Eier in kochendem Wasser 10 bis 12 Minuten hart kochen, kalt abschrecken und am einfachsten unter fließendem kaltem Wasser pellen. Die Zwiebeln und den Knoblauch schälen, die Chilischote entkernen und waschen, alles in feine Würfel schneiden. Die Kartoffeln schälen und in 1 cm große Würfel schneiden. Das Hähnchenbrustfilet waschen, trocken tupfen und ebenfalls in 1 cm große Würfel schneiden. Eventuell die Curryblätter abbrausen, trocken tupfen und fein hacken.

2. Das Sonnenblumenöl in einer großen Pfanne erhitzen. Zwiebeln, Knoblauch und Chili darin andünsten. Currypulver und -blätter untermischen und kurz anrösten. Die Kartoffeln und den Zucker dazugeben und mit der Hühnerbrühe ablöschen, alles zugedeckt bei mittlerer Hitze 10 Minuten köcheln lassen.

3. Die Hähnchenbrust dazugeben und alles weitere 5 bis 10 Minuten offen köcheln lassen, bis Kartoffeln und Fleisch gar sind und ein Großteil der Flüssigkeit verdampft ist (sonst wäre die Masse später zum Füllen zu feucht). Mit Salz würzen. Zuletzt die Eier in nicht zu grobe Würfel schneiden und unter die Füllung mengen. Die Pfanne beiseitestellen und die Füllung auskühlen lassen.

4. Für den Wasserteig das Mehl mit Zucker, Salz, Öl und 150 ml warmem Wasser in eine Schüssel geben. Alles von Hand oder mit den Knethaken des Handrührgeräts oder der Küchenmaschine zu einem glatten Teig verkneten. Teig halbieren, zu Kugeln formen und mindestens 15 Minuten abgedeckt ruhen lassen.

5. Inzwischen für den Fettteig das Mehl in eine Schüssel geben. Die Butter in kleine Würfel schneiden und zum Mehl geben. Ähnlich wie bei einem Mürbeteig Mehl und Butter mit den Händen zügig zu immer feineren Bröseln reiben, bis sich diese zu einem Teig kneten lassen. Hier ist Geduld gefragt, die Zubereitung kostet Zeit und Kraft! Den Teig halbieren und zu Kugeln formen.

6. Auf der bemehlten Arbeitsfläche 1 Kugel Wasserteig gleichmäßig zu einem flachen Teigkreis drücken und 1 Kugel Fettteig in die Mitte setzen. Den Fettteig komplett mit dem Wasserteig umschließen und zu einer Kugel formen.

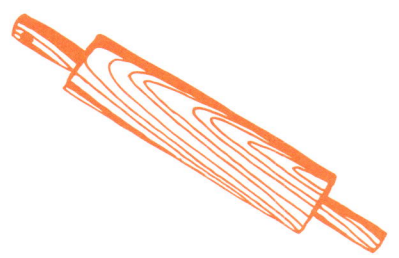

7. Diese Kugel aus zweierlei Teig nun ganz behutsam flach drücken und zu einem rechteckigen Streifen (ca. 40 × 15 cm) ausrollen. Den Teigstreifen von der Schmalseite her eng aufrollen und die Rolle in 1 cm dicke Scheiben schneiden (das Spiralmuster wird jetzt deutlich sichtbar). Mit den beiden übrigen Wasser- und Fettteigkugeln ebenso verfahren.

ZUBEREITUNG: CA. 2½ STUNDEN

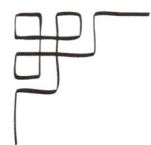

8. Nacheinander die Teigscheiben rund ausrollen (10 bis 12 cm Ø), die Ränder mit Wasser einpinseln und je 1 gehäuften EL Füllung in die Mitte setzen.

9. Teigkreise zu einem Halbmond verschließen, die Ränder gut zusammendrücken. Das Öl zum Frittieren in einem großen Topf erhitzen. Darin die Curry Puffs portionsweise 5 bis 8 Minuten goldbraun frittieren. Herausheben und auf einem Küchentuch entfetten. Heiß, lauwarm oder kalt genießen.

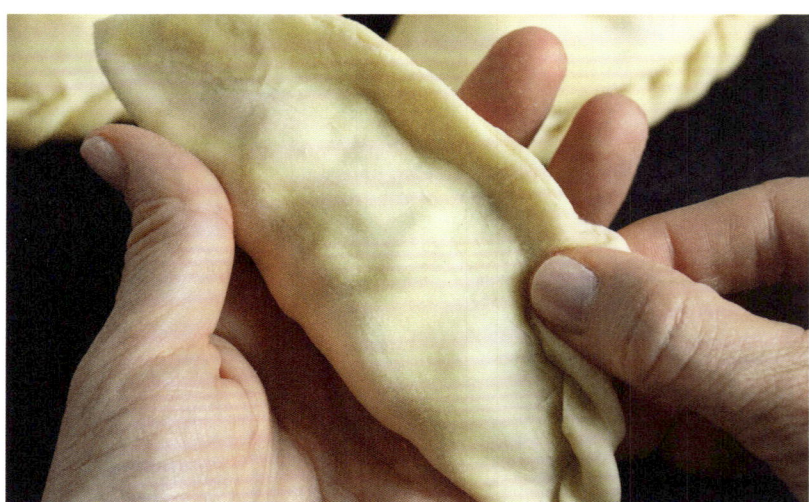

 MEIN TIPP: Spiral Curry Puffs lassen sich auch ganz wunderbar abwandeln. Einfach mal einen Teil der Kartoffeln durch Süßkartoffeln ersetzen oder anstatt des Hähnchenbrustfilets für die Füllung Sardinenfilets verwenden.

FRÜHLINGSROLLEN

— MIT SÜSS-SAUREM MANGODIP —

Können Sie sich noch an Ihr allererstes asiatisches Essen erinnern? Die Wahrscheinlichkeit ist groß, dass es mittelprächtige Frühlingsrollen oder süß-saures Hähnchen war, wohl für die meisten ein typischer Einstieg in die Fernost-Küche. Dabei sind selbst gemachte Frühlingsrollen ein unschlagbar feiner Snack. Der Aufwand lohnt sich!

FÜR 32—36 STÜCK

FÜR DEN DIP:

3—4 Knoblauchzehen
30 g Ingwer
½ große rote Chilischote
300 g Mangopüree
(aus der Dose)
100 ml heller Reisessig
1—2 EL Zucker (mehr nach
Belieben) · 2 Sternanise
feines Meersalz

FÜR DIE FRÜHLINGSROLLEN:

100 g Glasnudeln
¼ Spitzkohl (ca. 150 g)
3—4 Frühlingszwiebeln
1 kleine Möhre
½—1 große rote Chilischote
4—5 Pilze (z.B. Champignons
oder Shiitake)
2 EL Erdnussöl
250 g Schweinehackfleisch
75 g Sojabohnensprossen oder
andere Bohnensprossen
2 EL Reiswein (z.B. Shaoxing)
2—3 EL helle Sojasauce
1 EL Sesamöl
½ TL weißer Pfeffer aus der Mühle
feines Meersalz · Zucker
32—36 TK-Frühlingsrollenblätter
(21,5 × 21,5 cm, aufgetaut)
1 Eiweiß · 150—200 ml Öl zum Braten

1. Für den Dip den Knoblauch und Ingwer schälen, Chilischote entkernen und waschen, alles in feine Würfel schneiden. Mit Mangopüree, Reisessig, Zucker, 150 ml Wasser und den Sternanisen in einen Topf geben und aufkochen. Die Hitze reduzieren und den Dip 5 bis 10 Minuten sanft köcheln lassen. Anise entfernen, den Dip mit dem Stabmixer glatt pürieren und mit Salz und eventuell Zucker abschmecken.

2. Für die Frühlingsrollen die Glasnudeln in eine Schüssel geben, mit heißem Wasser übergießen und nach Packungsanweisung einweichen. Spitzkohl und Frühlingszwiebeln putzen und waschen. Die Möhre putzen und schälen, alles in feine Streifen schneiden. Die Chilischote entkernen und waschen, Pilze putzen, beides in feine Würfel schneiden.

3. Das Erdnussöl im Wok erhitzen. Das Hackfleisch darin bei starker Hitze anbraten. Sobald es zu bräunen beginnt, die Hitze reduzieren, Chili und Pilze dazugeben und 2 bis 3 Minuten mitbraten. Spitzkohl, Möhre und Frühlingszwiebeln untermischen und alles weitere 5 bis 8 Minuten unter Rühren braten. Nudeln in ein Sieb abgießen, abtropfen lassen, mit einer Küchenschere etwas kleiner schneiden. Sprossen mit heißem Wasser abbrausen und abtropfen lassen. Nudeln und Sprossen zum Schluss in den Wok geben. Die Füllung mit Reiswein, Sojasauce, Sesamöl, Pfeffer, Salz und 1 bis 2 Prisen Zucker kräftig würzen.

4. Die Frühlingsrollenblätter mit einem feuchten Küchentuch abdecken, das Eiweiß in einer kleinen Schüssel verrühren. 1 Frühlingsrollenblatt so auf die Arbeitsfläche legen, dass eine Ecke nach unten zeigt. 1 gehäuften EL Füllung im unteren Viertel des Teigblattes platzieren und die obere Ecke mit wenig Eiweiß einpinseln. Zuerst die untere Ecke des Frühlingsrollenblattes über die Füllung schlagen, dann die beiden seitlichen Ecken. Zum Schluss das Teigblatt von unten her nach oben fest einrollen. Die anderen Frühlingsrollenblätter ebenso füllen.

5. Klassisch werden Frühlingsrollen frittiert, ich brate sie aber viel lieber in der Pfanne. Dazu das Öl etwa ½ cm hoch in eine große Pfanne gießen und erhitzen. Die Frühlingsrollen darin bei mittlerer Hitze 7 bis 10 Minuten rundum goldbraun braten. Auf Küchenpapier entfetten und mit dem Dip (warm oder kalt) servieren.

ZUBEREITUNG: CA. 2 STUNDEN

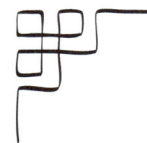

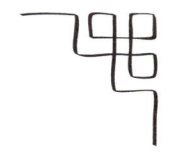

GYOZA

——— GEFÜLLTE TEIGTASCHEN ———

„Gyoza" (japanischer Begriff für die chinesische Urform „Jiaozi") und „Potstickers" bezeichnen, grob gesagt, dasselbe — gefüllte Teigtaschen, die sowohl angebraten als auch gedämpft werden. Andrea Nyguyen (Kochbuchautorin und Dumpling-Fachfrau) kennt den Unterschied: Während Potstickers gerne ein wenig größer ausfallen und meist mit dickerem, hausgemachtem Teig zubereitet werden, verwendet man für die kleineren Gyoza dünne TK-Teigblätter. Füllung, Form und Zubereitung sind identisch, nur die Garzeit kann um 2 bis 3 Minuten variieren.

FÜR 35–40 STÜCK

35–40 TK-Gyoza-Teigblätter
(à ca. 8 cm Ø)
¼ Spitzkohl (ca. 100 g)
feines Meersalz
1 walnussgroßes Stück Ingwer
1–2 Knoblauchzehen
3 Pilze (z.B. Champignons
oder Shiitake)
3 Frühlingszwiebeln
½ große rote Chilischote
(nach Belieben)
250 g (fettes) Schweinehackfleisch
1½ EL Mirin
1½ EL helle Sojasauce
1 EL Sesamöl
½ TL Zucker
½ TL weißer Pfeffer aus der Mühle
3–4 EL Erdnussöl

AUSSERDEM:

Chiliöl (am besten selbst gemachtes,
siehe S. 164) und schwarzer Reisessig
(Chinkiang) zum Servieren

1. Die Teigblätter in der Verpackung auftauen lassen. Den Spitzkohl waschen, putzen und in feine Streifen schneiden. Die Kohlstreifen in ein großes Sieb (das im Spülbecken steht) geben, mit etwas Salz bestreuen, mit den Händen kurz durchkneten und 5 bis 10 Minuten Wasser ziehen lassen. Den Kohl abbrausen, gut ausdrücken (es sollten 60 bis 80 g sein) und klein hacken.

2. Den Ingwer und Knoblauch schälen. Die Pilze putzen, die Frühlingszwiebeln putzen und waschen. Eventuell die Chilischote entkernen und waschen. Alles fein hacken und mit dem Hackfleisch, Kohl, Reiswein, Sojasauce, Sesamöl, Zucker, Pfeffer und ½ TL Salz in eine Schüssel geben und vermengen. Ich nehme hierfür den Rücken eines Esslöffels und knete die Füllung damit ausgiebig.

3. Zum Füllen ein kleines Schälchen mit Wasser bereitstellen. Auf der Arbeitsfläche 3 bis 4 Teigblätter auslegen und je 1 TL Füllung in die Mitte geben. Die Teigränder mit etwas Wasser befeuchten (Finger oder Pinsel), dann den Teig zur Halbmondform über die Füllung schlagen. Die Teigränder in 2 bis 3 Falten legen und zusammendrücken. Die Optik ist weniger entscheidend, die Taschen müssen nur gut geschlossen sein. Die Teigtaschen auf einem mit Backpapier ausgelegten Küchenbrett ablegen und mit einem Küchentuch abdecken, damit sie nicht austrocknen. Die anderen Teigblätter ebenso füllen.

4. In einer großen Pfanne (mit Deckel) etwas Erdnussöl erhitzen. (Ich bevorzuge für diese Zubereitung eine antihaftbeschichtete Pfanne, andere schwören auf Gusseisen oder eingebranntes Stahlblech). Teigtaschen portionsweise dicht an dicht in die Pfanne setzen und bei mittlerer Hitze anbraten, bis die Unterseiten gebräunt sind. Etwa 50 ml Wasser dazugießen (Vorsicht, es spritzt!), die Pfanne sofort mit dem Deckel schließen und die Gyoza 4 bis 5 Minuten im Dampf weitergaren. Deckel abnehmen, Teigtaschen 2 bis 3 Minuten fertig braten. Ich schwenke sie durch, damit sie von allen Seiten ein wenig Farbe bekommen. Gyoza sofort mit Chiliöl und Reisessig servieren, in die man sie eintunkt.

MEIN TIPP: Die Qualität von TK-Gyoza-Teigblättern ist sehr unterschiedlich, man sollte sie nach dem Auftauen prüfen. Hat man eine Marke gefunden, deren Teigblätter elastisch sind und beim Falten nicht reißen, am besten dabei bleiben.

ZUBEREITUNG: CA. 1½ STUNDEN

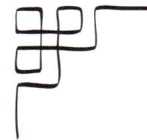

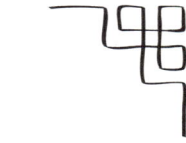

PORK BUNS

— GEDÄMPFTE GEFÜLLTE HEFEBRÖTCHEN —

Die Geschmacksrichtungen „süß" und „salzig" perfekt zu kombinieren, beherrscht die asiatische Küche aus dem Effeff. So hat etwa der Teig dieser Buns eine leicht süßliche Note, während die Füllung aus Lauch, Schweinebauch, Speck und 5-Gewürze-Pulver würzig-pikant ist. Das Ergebnis? Umwerfend gut.

FÜR 8 STÜCK

FÜR DEN TEIG:
150 g Mehl
50 g Maisstärke
25 g Puderzucker
1 TL Backpulver
¼ TL feines Meersalz
15 g frische Hefe
1 EL Öl oder Schweineschmalz

FÜR DIE FÜLLUNG:
125 g Lauch (weißer und
hellgrüner Teil)
125 g Schweinebauch
(ohne Schwarte)
25 g fetter Speck
1 EL helle Sojasauce
1–2 EL Ketjap Manis
1 EL Reiswein (z.B. Shaoxing)
½ TL 5-Gewürze-Pulver
feines Meersalz
¼ TL weißer Pfeffer aus der Mühle

AUSSERDEM:
Mehl zum Arbeiten
großer Bambuskorb und passender
Topf zum Dämpfen)

1. Für den Teig das Mehl mit Maisstärke, Puderzucker, Backpulver und Salz in einer Schüssel mischen. Die Hefe in 100 ml lauwarmes Wasser bröckeln und verrühren, zusammen mit dem Öl oder Schweineschmalz in die Schüssel geben. Alles mit den Knethaken des Handrührgeräts oder der Küchenmaschine 5 Minuten zu einem glatten, leicht klebrigen Teig verkneten. Ist er zu klebrig, esslöffelweise noch etwas Mehl einkneten. Den Teig zu einer Kugel formen und zugedeckt 40 bis 60 Minuten an einem warmen Ort gehen lassen.

2. Für die Füllung den Lauch putzen, längs vierteln, gründlich waschen und in feine Stücke schneiden. Den Schweinebauch in 1 cm große Würfel und den Speck in ½ cm große Würfel schneiden. Die Speckwürfel in einer heißen Pfanne auslassen, bis sie leicht zu bräunen beginnen. Die Schweinebauchwürfel 2 bis 3 Minuten mitbraten. Den Lauch dazugeben und glasig dünsten. Mit den beiden Sojasaucen, dem Reiswein, 5-Gewürze-Pulver, Salz und Pfeffer würzen und die Füllung bei schwacher Hitze durchziehen lassen, bis der Lauch schön weich ist. Vom Herd nehmen und abkühlen lassen.

3. Aus Backpapier 8 kleine Quadrate (etwa 8 × 8 cm) ausschneiden. Den Teig auf der bemehlten Arbeitsfläche noch einmal gut von Hand durchkneten und in 8 Portionen (à 40–45 g) teilen. Diese erst zu Bällchen formen, dann mit dem Nudelholz zu Kreisen (etwa 10 cm Ø) ausrollen. In die Mitte jedes Teigkreises 1 EL Füllung setzen und den Teig darüber schließen, die Teigränder gut festdrücken. Die gefüllten Teigbällchen mit der „Naht" nach unten auf die Backpapierquadrate setzen, in dem Bambuskorb platzieren und zugedeckt weitere 20 Minuten gehen lassen.

4. Den Bambuskorb in einen passenden Topf setzen, der mit etwas kaltem Wasser gefüllt ist, und den Deckel auflegen. Das Wasser erhitzen und sobald es kocht, die Dämpfzeit stoppen: Die Buns brauchen 8 bis 10 Minuten. Dann den Topf vom Herd ziehen (den Deckel noch nicht abnehmen!) und die Hefebrötchen weitere 5 Minuten stehen lassen. Heiß oder abgekühlt essen.

MEIN TIPP: Die Pork Buns schmecken bereits pur unglaublich gut, wer möchte, kann sie aber auch noch in Chiliöl (am besten selbst gemachtes, siehe S. 164) dippen. Wer gerne bei der Füllung variieren mag, hackt Char Siu (siehe S. 116) klein und bestückt den Teig damit.

ZUBEREITUNG: CA. 1 STUNDE
RUHEN: 1 STUNDE 20 MINUTEN
DÄMPFEN: CA. 15 MINUTEN

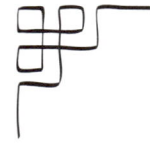

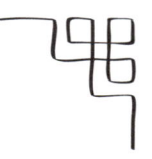

ROTI JOHN

— SANDWICH À LA SINGAPUR —

Die Entstehungsgeschichte dieses Sandwiches soll zurückgehen bis in die 60er-Jahre und variiert in Details, aber so viel ist wohl unstreitig: Ein Händler wollte einem Engländer (früher kurz „John" genannt) seine Bitte nach einem Hamburger nicht abschlagen und kombinierte kurzerhand die Zutaten eines englischen Eier-sandwiches mit Hammelfleisch und Zwiebeln. Diese Eingebung war eine göttliche Fügung, denn Roti John schmeckt sensationell! Übrigens auch, wenn das Baguette (hierfür steht Roti) noch vom Vortag ist.

FÜR 2 STÜCK

1 Schalotte
1 Knoblauchzehe
½ grüne Chilischote
1 Frühlingszwiebel
1 Stück Baguette (25—30 cm lang)
2 TL Mayonnaise
2 EL Ghee oder Öl
200 g Hackfleisch (Schwein, Rind, Lamm oder eine Mischung)
½ TL Currypulver oder Garam Masala
feines Meersalz
Pfeffer aus der Mühle
3 Eier

AUSSERDEM:

würzige Chilicreme (z.B. Sriracha Mayo Sauce) oder Sambal Tumis Belachan (siehe S. 166) zum Servieren

1. Die Schalotte und den Knoblauch schälen und in feine Würfel schneiden. Die Chilischote entkernen, waschen und fein hacken. Die Frühlingszwiebel putzen, waschen und in feine Ringe schneiden.

2. Das Baguette quer halbieren und jede Hälfte längs durchschneiden, sodass man 4 etwa gleich große Stücke erhält. Die Innenseiten dünn mit der Mayonnaise bestreichen. Eine große Pfanne (alle Baguettestücke müssen hineinpassen, sonst in zwei Durchgängen zubereiten) erhitzen. Die Baguettes mit den bestrichenen Innenseiten in die Pfanne legen, mit einem großen Topf beschweren und bei mittlerer Hitze 2 bis 4 Minuten goldbraun anrösten. Die Baguettes aus der Pfanne nehmen, dafür 1 EL Ghee oder Öl hineingeben.

3. Das Ghee oder Öl in der Pfanne erhitzen. Darin Schalotte, Knoblauch, Chili und das Hackfleisch anbraten. Sobald das Hack beginnt Farbe anzunehmen, mit Currypulver oder Garam Masala, Salz und Pfeffer würzen. Mit einem Kochlöffel durchrühren und dabei alle verbliebenen größeren Hackfleischstücke zerkleinern. Das Hack mit Salz und Pfeffer abschmecken.

4. Die Eier in eine Schüssel aufschlagen, das Hack dazugeben und beides verrühren. Restliches Ghee oder Öl in der Pfanne (kein Säubern nötig) erhitzen. Die Hackmasse hineingeben und sofort die 4 Baguettestücke mit den Innenseiten hineindrücken. Die Hackmasse 3 bis 4 Minuten stocken lassen. Sie ist fertig, wenn kein flüssiges Ei mehr zu sehen ist und die Unterseiten gerade beginnen appetitlich zu bräunen. Die Roti John aus der Pfanne nehmen (überstehende Eierränder kann man einklappen oder abreißen) und noch heiß mit Chilicreme oder Sambal und den Frühlingszwiebelringen servieren. Dazu passen einige Tomaten- und Gurkenscheiben sowie ein paar Korianderblättchen.

MEIN TIPP: Eine beliebte Roti-John-Variante wird mit Sardinen (aus der Dose, in Öl oder Tomatensauce) anstelle von Hackfleisch zubereitet. Auch ein paar dünne Käsescheiben passen überraschend gut auf das Sandwich, sie kommen direkt auf die gebratenen Baguettehälften, die man dann natürlich zusammenklappt. Einfach mal probieren!

ZUBEREITUNG: CA. 20 MINUTEN

CHICKEN MURTABAK

─── GEBRATENE TEIGTASCHEN MIT SCHARFER HÄHNCHENFÜLLUNG ───

Gegenüber der Sultan-Moschee, unweit des hippen Viertels rund um Haji Lane, reihen sich alteingesessene Restaurants mit vorwiegend arabischer und indischer Küche aneinander. Murtabak — ausgezogener Teig wird mit einer Fleisch-Eier-Mischung gefüllt und gebraten — war eines der ersten Gerichte, die ich dort gegessen habe, und noch heute halte ich es bei jedem Singapur-Trip so: Am ersten Tag geht es ins „Zam Zam". Selbst das chaotische Treiben vor dem Lokal gehört einfach dazu. Da werden Großbestellungen in Limousinen geladen, der Tee der Angestellten wird praktisch in Tüten bis zur nächsten Trinkpause einfach ans Regal gehängt und durch die Glasfront kann man den Köchen bei ihrer schweißtreibenden Arbeit zusehen.

FÜR 6 STÜCK

1 Rezept Roti-Prata-Teig
(siehe S. 184)
1 große Zwiebel
1 Knoblauchzehe
1 walnussgroßes Stück Ingwer
350–400 g Hähnchenkeulenfleisch
(ohne Haut)
3 Eier
4 EL Ghee oder Öl
1 TL Garam Masala
½ TL Chilipulver
½ TL gemahlene Kurkuma
feines Meersalz
Pfeffer aus der Mühle

AUSSERDEM:

Öl zum Arbeiten

1. Den Roti-Prata-Teig wie auf S. 184 beschrieben zubereiten, portionieren, zu 6 Kugeln formen und mindestens 1 Stunde ruhen lassen. (In einem abgedeckten Behälter kann der Teig aber auch problemlos über Nacht im Kühlschrank ruhen.) Zwiebel schälen und in nicht zu kleine Würfel schneiden. Knoblauch und Ingwer schälen und fein hacken. Das Hähnchenfleisch waschen, trocken tupfen, klein schneiden. Die Eier in eine Schüssel aufschlagen und mit einer Gabel verrühren.

2. In einer großen Pfanne 2 EL Ghee oder Öl erhitzen. Darin die Zwiebel, den Knoblauch und den Ingwer andünsten. Garam Masala, Chilipulver und Kurkuma dazugeben und anrösten, bis die Gewürze zu duften beginnen. Das Hähnchenfleisch dazugeben und 2 bis 3 Minuten bei mittlerer bis starker Hitze anbraten. Die Temperatur zurückschalten und das Fleisch bei schwacher Hitze weitere 5 Minuten gar ziehen lassen. Die Füllung würzig mit Salz und Pfeffer abschmecken, vom Herd nehmen und etwa 1 Stunde abkühlen lassen.

3. Einen großen Teller oder eine große Platte zur Ablage der geformten Murtabak bereitstellen. 1 Teigkugel mit geölten Handballen auf dem Arbeitsbrett flach drücken und den Teigfladen mit Handballen und Fingern immer weiter von innen nach außen zu einem Rechteck (etwa 25 × 30 cm) „stretchen" — zuerst ist es mehr ein Drücken, dann zieht man den Teig rundrum gleichmäßig dünner, ganz ähnlich wie bei einem Strudelteig.

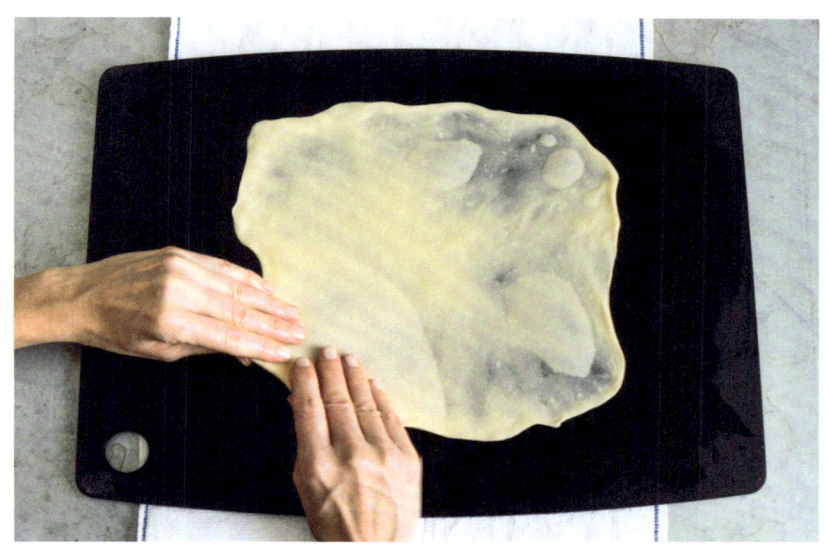

4. Ein Sechstel der Hähnchenfüllung in der Mitte des Teigrechtecks verteilen und 2 bis 3 EL der verquirlten Eier darübergeben.

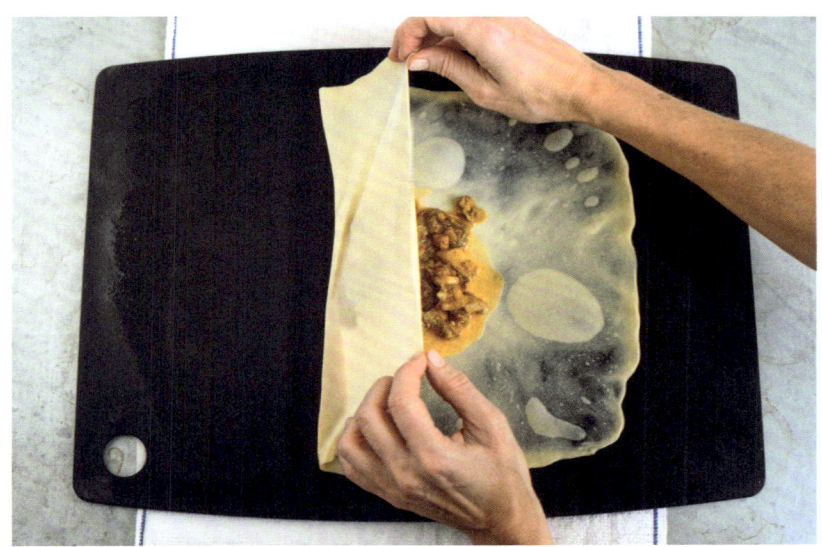

ZUBEREITUNG: CA. 1½ STUNDEN
RUHEN & ABKÜHLEN: 1 STUNDE

35

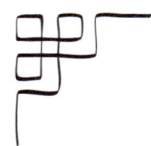

5. Nun den Teig von den vier Seiten her zur Mitte hin so einschlagen, dass ein rechteckiges Päckchen (etwa 10 × 10 cm) entsteht, und vorsichtig auf Teller oder Platte legen. Auf diese Weise die restlichen Murtabak formen.

6. Übriges Ghee oder Öl in der großen Pfanne erhitzen. Die Murtabak nebeneinander hineinlegen (sie sollen keinesfalls aneinanderkleben, notfalls auf zwei Mal braten) und bei mittlerer Hitze auf jeder Seite 2 bis 4 Minuten goldbraun und knusprig braten. Zum Schluss die Teigtaschen aufstellen und auch die Kanten knusprig braten.

7. Zum Servieren die Chicken Murtabak — ganz klassisch — in kleine Stücke schneiden und auf Tellern anrichten. Dazu am besten ein Schälchen Curry-Dip (siehe S. 184) mit auf den Tisch stellen.

 MEINE TIPPS: Anstelle des Hähnchenfleisches eignet sich auch Lamm(hack)-fleisch, Rinder(hack)fleisch oder Sardinenfilets. Ebenfalls sehr fein: die Reste eines Brathähnchens klein schneiden.
Man kann Murtabak übrigens auch toll auf Vorrat zubereiten. Die Päckchen lassen sich — fertig gebraten — problemlos einfrieren.

SALATE & SUPPEN

ROJAK

— ASIATISCHER BROTSALAT —

Ein asiatischer Brotsalat! Das war mein erster Gedanke, als ich ein paar Bissen probiert hatte. Knackige Gemüse- und Fruchtstücke waren überzogen von einem dunklen, sagenhaft intensiv schmeckenden Dressing, das alles, was ich bisher an Salatsaucen probiert hatte, in den Schatten stellte. Süß, sauer, salzig, scharf ... Dazu kamen die unterschiedlichsten Texturen, die ich spontan gar nicht alle zu identifizieren vermochte, beinahe vergraben unter einem Berg gerösteter Erdnüsse. Dieser Salat hat einen bleibenden Eindruck hinterlassen!

FÜR 4 PORTIONEN

FÜR DAS DRESSING:

50 g Tamarindenmark
1 TL malaysische Garnelenpaste
(Belachan, nach Belieben)
3—4 EL indonesische schwarze
Garnelenpaste (Petis Udang, siehe
Tipps)
1½—2 EL Palmzucker
2—3 TL Sambal Oelek oder
Chilisauce (z.B. Sriracha)

FÜR DEN SALAT:

60 g Erdnusskerne (ohne Haut)
1 kleine Ananas
1 kleine Salatgurke
1 Chayote (ca. 200 g)
1 Jícama (Yambohne, ca. 200 g)
2 You Tiao (siehe S. 188)

1. Das Tamarindenmark etwas zerkleinern, in einer Schüssel mit 100 ml kochend heißem Wasser übergießen und mindestens 10 Minuten stehen lassen. Inzwischen Erdnusskerne fein hacken und in einer Pfanne anrösten, bis sie ein wenig Farbe angenommen haben. In eine Schüssel umfüllen, die Pfanne mit Küchenpapier auswischen. Eventuell Belachan in der Pfanne anrösten und dabei zerkrümeln. Die Stückchen mindestens 5 Minuten braten, bis sie etwas dunkler werden.

2. Das weiche Tamarindenmark mit einer Gabel zerdrücken und den gesamten Schüsselinhalt durch ein Sieb streichen (Rückstände entsorgen). Mit Garnelenpaste (Petis Udang), Palmzucker und Sambal Oelek oder Chilisauce in die Pfanne geben. Alles umrühren, bis der Zucker geschmolzen ist. Das Dressing soll dabei die Konsistenz einer eher dicken Paste bekommen (bei Bedarf esslöffelweise mit Wasser strecken). Das intensiv schmeckende (!) Dressing probieren und eventuell nachwürzen — sowohl säuerliche als auch würzige, scharfe und süße Noten sollten gut wahrnehmbar sein. Die Pfanne vom Herd ziehen.

3. Nun die restlichen Salatzutaten vorbereiten: Die Ananas schälen und das Fruchtfleisch in mundgerechte Stücke schneiden. Die Gurke waschen und ebenfalls in mundgerechte Stücke schneiden. Die Chayote schälen (unter fließendem Wasser, da sie sonst klebrig ist), entkernen und nicht zu klein würfeln. Die Jícama schälen und in knapp 1 cm dicke Stäbchen schneiden. Die You Tiao mit der Küchenschere in 2 cm große Stücke schneiden.

4. In einer großen Schüssel Ananas, Gurke, Chayote, Jícama und You Tiao mit dem Dressing vermengen. Den Rojak auf Schüsseln oder Teller verteilen und großzügig mit den gerösteten Erdnussstückchen bestreuen.

MEINE TIPPS: Der Salat schmeckt auch mit grüner Mango (unreif), grünem Apfel, Sojabohnensprossen und Wasserspinat, in manchen asiatischen Ländern kommen sogar Fleisch oder Seafood dazu. Pro Portion rechne ich mit 200 bis 250 g Obst- und Gemüsefruchtfleisch. Einfach neue Kombinationen ausprobieren! Die indonesische Petis Udang verleiht Rojak seine charakteristische Note, ist aber nicht überall zu bekommen. Zur Not geht auch eine Chili-Garnelen-Paste (Nam Prik Pao) aus Thailand — dann aber Sambal Oelek oder Chilisauce weglassen.

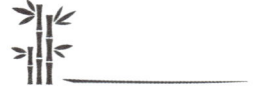

ZUBEREITUNG: CA. 30 MINUTEN

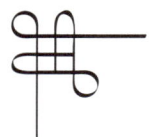

KNACKIGER PAPAYASALAT

— MIT MANGO UND BANANENBLÜTE —

Die klassische Salatvariante mit ausschließlich grüner Papaya (thailändisch „Som Tam") dürfte vielen bekannt sein. Während sich bei meiner Version das typische Dressing nie geändert hat, habe ich bei den Salatzutaten über die Jahre hinweg unterschiedliche Ideen aufgegriffen und die guten ganz pragmatisch beibehalten.

FÜR 4 PORTIONEN

FÜR DAS DRESSING:

1 Knoblauchzehe
½—1 rote Chilischote
1—2 EL Limettensaft
2 EL Palmzucker (z.B. Gula Melaka)
2 EL Fischsauce

FÜR DEN SALAT:

150 g grüne Papaya (unreif)
50 g grüne Mango (unreif)
100 g Rotkohl
1 kleine Möhre
1 Schalotte
20 g Minze und Koriandergrün (gemischt)
50 g geröstete Erdnusskerne (gesalzen oder ungesalzen)
Saft von 1 Zitrone
1 Bananenblüte

AUSSERDEM:

frittierte Zwiebeln (Asienladen) zum Bestreuen

1. Für das Dressing den Knoblauch schälen und fein hacken. Die Chili längs halbieren, entkernen, waschen und fein hacken. Beides mit Limettensaft, Palmzucker und Fischsauce verrühren und beiseitestellen.

2. Für den Salat Papaya und Mango schälen, die Papaya falls nötig von den schwarzen Kernen befreien. Beide Früchte mit einem Julienneschäler in feine, nicht zu lange Streifen schneiden (oder mit dem Messer erst in dünne Scheiben, dann in Juliennestreifen schneiden). Kohl und Möhre waschen bzw. putzen und schälen, beides ebenfalls in feine Streifen schneiden. Schalotte schälen und längs in dünne Spalten schneiden. Kräuter abbrausen und trocken schütteln, die Blättchen abzupfen und nicht zu fein hacken. Die Erdnusskerne grob hacken.

3. Eine große Schüssel mit kaltem Wasser füllen, den Zitronensaft dazugeben. Nach und nach die Blätter der Bananenblüte ablösen, bis sie keine rotbraune Färbung mehr aufweisen. Den Strunk abschneiden und das verbliebene Herz in 2 bis 3 mm dicke Ringe schneiden. Es werden 50 g benötigt, den Rest anderweitig verwenden (z.B. für Currys, Pakoras). Diese sofort in das Zitronenwasser legen, da sich geschnittene Bananenblüte schnell verfärbt.

4. Die Bananenblütenringe in ein Sieb abgießen, gut abtropfen lassen und mit den übrigen vorbereiteten Salatzutaten in einer großen Schüssel gründlich vermengen. Wer der traditionellen Zubereitung Rechnung tragen möchte, stampft die Zutaten zudem noch ein wenig mit dem Stößel des Mörsers.

5. Das Dressing nochmals durchrühren (der Zucker sollte sich vollständig aufgelöst haben) und unter den Salat mischen. Mit wenig Fischsauce abschmecken. Für Extra-Crunch die frittierten Zwiebeln darüberstreuen. Salat sofort servieren.

MEIN TIPP: Papayasalat schmeckt in unterschiedlichsten Mischverhältnissen. Wer sich daran versuchen möchte, sollte lediglich bei der Menge der sauren Mango und der leicht bitteren Bananenblüte erst einmal zurückhaltend sein. Wer keine Bananenblüten (Asienladen) bekommt, kann den Salat stattdessen auch mit mehr grüner Papaya oder mit Gurke, Rettich oder sogar Granny-Smith-Apfel (immer als Juliennestreifen) zubereiten. Kombiniert man den Salat mit etwas scharf gewürztem Hack, ein paar Garnelen oder Hähnchen, lässt sich auch eine ganze Mahlzeit damit bestreiten.

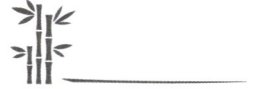

ZUBEREITUNG: CA. 30 MINUTEN

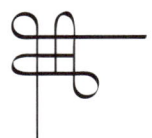

SCHARFER GURKENSALAT

— MIT SESAMSAMEN UND CHILIFLAKES —

Mitteleuropäer schwören auf ihren Beilagensalat zum Hauptgericht, Asiaten auf mindestens eine Beilage aus gedämpften „Greens"— von Pak Choi bis Wasserspinat. Viele dieser grünen Gemüsesorten sind in unseren Breiten eher unbekannt, aber wenn man sich einmal im Kühlbereich eines großen Asienladens umschaut, wird man erstaunt sein, was es alles zu entdecken gibt. Manchmal werden zu einem Hauptgericht aber auch einfach nur ein paar scharf angemachte Gurkensalatscheiben gelegt. Die passen zu eigentlich allem — von Gyoza über Currys bis zu Rippchen. Außerdem ist der Salat in wenigen Minuten fertig zubereitet. Inklusive Freestyle-Schneidetechnik, die sich oft in Hawker-Centres beobachten lässt!

FÜR 4–6 PORTIONEN

FÜR DEN SALAT:
1 große Salatgurke
1–2 EL helle Sesamsamen
(nach Belieben)

FÜR DAS DRESSING:
3 Knoblauchzehen
2 TL koreanische Chiliflakes
(Gochugaru)
2–3 EL schwarzer Reisessig
(Chinkiang)
2–3 EL Sesamöl
1 TL Palmzucker
feines Meersalz
weißer Pfeffer aus der Mühle

1. Für den Salat die Gurke waschen und in der Freestyle-Technik schneiden: Wer die Schnitttechnik nicht kennt, legt die Gurke zunächst quer vor sich. Nun schneidet man im 45-Grad-Winkel von einem Gurkenende ein Stück ab (die Größe sollte immer mundgerecht sein), rollt dann die Gurke ein wenig zu sich heran und schneidet wieder im 45-Grad-Winkel ein Gurkenstück ab. Das geht so lange, bis die ganze Gurke verarbeitet ist. (Könner halten die Gurke in der linken Hand, welche die Gurke nach jedem Schnitt ein wenig weiterdreht, während die rechte Hand im 45-Grad-Winkel die Gurkenstücke direkt in eine Schüssel schneidet — wie beim Stifte anspitzen.)

2. Für das Dressing den Knoblauch schälen und in feine Würfel scheiden. M t Chiliflakes, Essig, Sesamöl, Palmzucker, Salz und Pfeffer zu einer Salatsauce verrühren. Die Sauce zu den Gurkenstücken geben, Salat gut vermengen und mit Salz und Pfeffer abschmecken. Den Salat kurz durchziehen lassen.

3. Nach Belieben die Sesamsamen in einer Pfanne goldbraun anrösten, in den Mörser geben und grob zerstoßen. Den Sesam direkt vor dem Servieren über den scharfen Gurkensalat streuen.

MEIN TIPP: Etwaige Salatreste schmecken übrigens am nächsten Tag wie leicht scharfe Pickles und machen sich gut auf einem Sandwich!

ZUBEREITUNG: CA. 15 MINUTEN

REISNUDELSALAT

— MIT DREIERLEI KRÄUTERN —

Für heiße Sommertage gibt es kein besseres Essen als einen erfrischenden Salat mit Reisnudeln. Und dieser darf ganz nach Geschmack kombiniert werden: Salat! Rotkohl! Mais! ... Wobei diese eher simple Zutatenauswahl schon eine ziemlich geniale Mischung ergibt.

FÜR 4 PORTIONEN

FÜR DEN SALAT:

200–250 g Hähnchenbrustfilet
feines Meersalz
250 g Reisnudeln
½ Salatgurke
1 große Möhre
100 g Sojabohnensprossen oder
andere Bohnensprossen
je 2–4 Stiele Koriandergrün,
Thai-Basilikum und Minze
Saft von ½–1 Limette
1–2 EL Sesamöl

FÜR DAS DRESSING:

50 g Erdnusskerne (ohne Haut)
½–1 rote Chilischote
3 Knoblauchzehen
2 EL Palmzucker
2 EL Reisessig
1½ EL Fischsauce
feines Meersalz

AUSSERDEM:

frittierte Zwiebeln oder Schalotten
(Asienladen) zum Bestreuen

1. Für den Salat das Hähnchenbrustfilet waschen und in einen Topf mit leicht gesalzenem Wasser geben, aufkochen. Die Hitze so weit reduzieren, dass das Wasser nur minimal köchelt, und das Hähnchenbrustfilet knapp 20 Minuten gar ziehen lassen. Den Topf vom Herd nehmen und das Filet 10 Minuten in dem Sud ziehen lassen (auch länger ist kein Problem).

2. Inzwischen die Reisnudeln nach Packungsanweisung zubereiten, dann in ein Sieb abgießen, mit kaltem Wasser abbrausen und gut abtropfen lassen. Die Gurke waschen und in mundgerechte Stücke schneiden. Die Möhre schälen und mit dem Sparschäler in lange Streifen schneiden. Die Sprossen mit heißem Wasser abbrausen und abtropfen lassen. Alles in einer Schüssel vermischen. Die Kräuter abbrausen und trocken schütteln, die Blättchen abzupfen.

3. Für das Dressing die Erdnusskerne in einer Pfanne anrösten, bis sie ein wenig Farbe angenommen haben. Chilischote längs halbieren, entkernen und waschen, den Knoblauch schälen. Beides grob zerkleinern und mit den Erdnüssen und dem Palmzucker im Blitzhacker fein mahlen. Reisessig und Fischsauce untermixen und zum Schluss esslöffelweise so viel Wasser unterrühren, bis das Dressing sämig vom Löffel fließt. Mit wenig Salz abschmecken.

4. Vom Dressing die Hälfte abnehmen und zu den Nudeln und dem Gemüse in die Schüssel geben. Den Limettensaft und das Sesamöl darüberträufeln. Alles gut vermischen und auf Teller verteilen.

5. Das Hähnchenbrustfilet aus dem Sud nehmen, in mundgerechte Stücke zupfen und mit dem restlichen Dressing vermengen. Mit den Kräutern auf dem Salat anrichten. Zum Schluss die frittierten Schalottenringe darüberstreuen.

ZUBEREITUNG: CA. 40 MINUTEN

SINGAPUR KULINARISCH ENTDECKEN

Das **Frühstück** ist Ihnen heilig? Dann sind Sie in Singapur genau richtig. Die würzige Fraktion wird mit Nasi Lemak glücklich (The Coconut Club, 6 Ann Siang Hill), und wer es lieber süß mag, macht sich auf die Suche nach dem besten Kaya-Toast: von „sehr einfach" (Tong Ah Eating House, 35 Keong Saik Road) bis zu den besten Buns (YY Kafei Dian, 37 Beach Road), der traditionellsten Location (Ya Kun Kaya Toast, 18 China Street) oder der High-End-Version (The LoKal, 136 Neil Road). Mutige bestellen dazu einen Kopi Gu Yu (Kaffee mit Butter), ich halte mich lieber an Teh Tarik (gezogener Milchtee, auch „iced" erhältlich).

Auch wenn Sie noch nie **Roti Prata** gegessen haben, ich verspreche Ihnen, Sie werden dieses blättrige, fettige Fladenbrot, das man in Curry dippt, lieben! Seit zehn Jahren probiere ich mich quer über die Insel und habe immer noch nicht genug davon. Meine zwei Favoriten liegen leider außerhalb des Zentrums: Mr & Mrs Mohgan's Super Crispy Roti Prata (7 Crane Road) und Sin Ming (24 Sin Ming Road, hier die kleinen Coin Prata probieren!). Für ein schnelles Murtabak (gleicher Teig) im Zentrum kann man immer bei Singapore Zam Zam (697—699 North Bridge Road) vorbeischauen.

Für die Liebhaber **japanischer Küche:** Egal, ob Ihnen der Sinn nach Ramen,

Sushi oder einer gemütlichen Izakaya steht, das Angebot ist riesig. Probieren Sie unbedingt die sagenhaften Nudelschalen bei Keisuke Tonkotsu King Four Seasons (158 Rochor Road) oder die Kreationen bei The Sushi Bar (391 B Orchard Road).

Sie lieben Fisch? Neben Sambal Stingray in einem der Hawker Centres müssen Sie sich in die Warteschlange vor dem Man Man Japanese Unagi (1 Keong Saik Road) einreihen. Dort wird extrafrischer Aal (jap.: Unagi) vor Ihren Augen gegrillt — ein ganz besonderes Geschmackserlebnis! Oder sie gehen zu einer Maguro-Niederlassung, wo es den besten Thunfisch gibt. Dort haben Sie nicht nur die Möglichkeit die Unterschiede von Akami („normaler" roter Thunfisch) und Otoro (fettester und teuerster Teil, Bauch) zu verkosten, sondern auch köstliches Kama Yaki (gegrillter Kragenknochen).

Dessert-Fans kommen voll auf ihre Kosten: Für traditionelle asiatische Nachspeisen ist die Liang Seah Street die richtige Anlaufstelle. Bei Ah Chew, Ji De Chi und Dessert First bekommt man nicht nur Klassiker wie Mango-Sago oder Klebreisbällchen, sondern auch Köstliches mit frischer Durian. Abseits davon stolpert man über süße Verführungen, wohin man auch geht. Probieren Sie bei Gelegenheit Egg

Tarts, Pineapple Tarts, Pandankuchen, traditionelle Kuehs wie Ondeh-Ondeh, Cream Puffs, Ice Kachang, Chendol, Cheng Tng, Sojabohnenpudding, Putu Piring und vieles mehr.

Unschlagbarer Grund für einen Singapur-Besuch ist natürlich das Wetter, auch nachts sinkt die Temperatur kaum unter 25°C. Weswegen **Rooftop-Bars** hier einen ganz anderen Stellenwert haben als bei uns. Für Partygänger ist die 1-Altitude Bar (1 Raffles Place) mit einem 360-Grad-Blick im 63. Stock das Nonplusultra. Wer es gemütlicher mag, ist auf dem Dach von Potato Head Folk (36 Keong Saik Road) richtig, abgesehen davon, dass auch deren Burger nicht zu verachten sind. Und trotzdem, die coolste Bar der Stadt hat keine Dachterrasse: Das Atlas (600 North Bridge Road) hat nicht nur die weltgrößte Gin-Auswahl, der Art-Deco-Look der Bar verpasst einem auch sofort ein ehrfürchtiges Great-Gatsby-Feeling.

Wer hinsichtlich seines Reisetermins ein wenig flexibler ist, kann folgende **Events** in seine Singapur-Planung mit einbeziehen: das chinesische Neujahrsfest (zwischen Ende Januar und Ende Februar), die farbenfrohe Hindu-Prozession Thaipusam (Ende Januar/Anfang Februar) oder das große Singapur Food Festival (Juli).

Natürlich kann man sich auf der Suche
nach kleinen **Reisesouvenirs** einfach
durch die Straßen von Chinatown
treiben lassen. Aber auch in diesem
Punkt hat Singapur die Nase vorn:
Wirklich coole Mitbringsel gibt es bei
Supermama (265 Beach Road), Mega-
fash (z.B. Einkaufszentrum Suntec
City, 3 Temasek Boulevard), Wheni-
wasfour (261 Waterloo Street) oder
Naiise (277 Orchard Road).

Wer, wie ich, immer mit einer Rolle
Luftpolsterfolie im Koffer verreist, wird
auf der Suche nach **hübschem Geschirr**
oder **nützlichen Küchengeräten** mehr
als fündig. Erste Anlaufstellen sind die
Küchenläden in der Temple Street,
also Lau Choy Seng und Sia Huat,
ebenso wie die Haushaltsabteilungen
der großen Kaufhäuser (besonders gut
sind etwa Tangs und Takashimaya in
der Orchard Road). Aber auch die
vollgepackten kleinen Gemischtwaren-
läden in den Stadtteilen Tiong Bahru
oder Little India (Buffalo Road) sind
für Schnäppchenjäger eine wahre
Fundgrube.

Wie, Sie haben immer noch ein bisschen Platz im Koffer? Dann bleibt mir
nur, Sie zum **Food-Shopping** zu Isetan
(350 Orchard Road), Meidi-Ya
(177 River Valley Road) oder in das
Mustafa Centre (145 Syed Alwi Road)
zu schicken. Aber sagen Sie nicht, ich
hätte Sie nicht gewarnt!

LINSENSUPPE

— MIT KARAMELLISIERTEN KURKUMA-ZWIEBELN —

Rote Linsen und indische Gewürze sind eigentlich immer eine traumhafte Verbindung, ganz besonders aber, wenn sich daraus eine der simpelsten und schnellsten Suppen zubereiten lässt. Abgesehen von den frischen Kräutern hat man dafür sogar alles im Vorratsschrank. Und wie die Küche dabei duftet!

FÜR 4 PORTIONEN

FÜR DIE ZWIEBELN:

2 große rote Zwiebeln
2 EL Ghee oder Butterschmalz
½ TL gemahlene Kurkuma
feines Meersalz

FÜR DIE SUPPE:

75 g rote Linsen
1 walnussgroßes Stück Ingwer
2 EL Ghee oder Butterschmalz
1 TL Garam Masala
½ TL gemahlener Kreuzkümmel
¼ TL Chilipulver
1¼ l Gemüse- oder Hühnerbrühe
(am besten selbst gemachte,
siehe S. 178)
½—1 EL Fischsauce
½ TL Zucker
feines Meersalz
Pfeffer aus der Mühle

AUSSERDEM:

½ Bund Koriandergrün
4 EL griechischer Joghurt
(nach Belieben)

1. Die Zwiebeln schälen, längs halbieren und in dünne Spalten schneiden. Das Ghee oder Butterschmalz in einer Pfanne schmelzen. Die Zwiebeln in die Pfanne geben, mit Kurkuma bestäuben und bei mittlerer Hitze langsam goldbraun karamellisieren lassen. Das dauert 10 bis 15 Minuten. Die Zwiebeln mit wenig Salz würzen, die Pfanne vom Herd nehmen.

2. Inzwischen für die Suppe die Linsen in einem Sieb abbrausen und abtropfen lassen. Den Ingwer schälen und fein reiben. Das Ghee oder Butterschmalz in einem Topf schmelzen. Die Linsen und den Ingwer, Garam Masala, Kreuzkümmel und Chilipulver dazugeben und alles kurz andünsten, bis die Gewürze duften. Mit der Gemüse- oder Hühnerbrühe ablöschen. Die Suppe bei mittlerer Hitze etwa 15 Minuten köcheln lassen, bis die Linsen weich sind. Mit Fischsauce, Zucker, Salz und Pfeffer würzen.

3. Das Koriandergrün abbrausen und trocken schütteln, die Blättchen abzupfen und grob hacken. Die Suppe in Schüsseln oder tiefe Teller schöpfen und die karamellisierten Kurkumazwiebeln und den Koriander darauf verteilen. Wer mag, gibt jeweils noch 1 EL Joghurt dazu.

MEIN TIPP: Diese Suppe lebt von den karamellisierten Kurkuma-Zwiebeln, deshalb hier bloß nicht an der Menge sparen! Wem die Zwiebeln bei der Zubereitung schon öfter angebrannt sind — das geht besonders zum Schluss hin schnell —, kann sich mit einem Küchenwecker behelfen. Einfach im Minutentakt klingeln lassen und die Zwiebeln umrühren. Das erspart einem so manches Malheur.

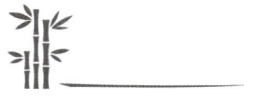

ZUBEREITUNG: CA. 30 MINUTEN

FISCHBÄLLCHEN-SUPPE

— MIT REIS-VERMICELLI —

Natürlich findet man auch fertige Fischbällchen in der Tiefkühltruhe des Asienladens, geschmacklich sind sie aber Lichtjahre von selbst gemachten entfernt: Das Fleisch von frischen Makrelenfilets wird mit Gewürzen und Ingwer zu einer feinen Farce verarbeitet. Diese bekommt dann noch eine Sonderbehandlung, damit die Bällchen schön locker und elastisch werden, ... und schon schwimmen sagenhafte Mini-Fischknödel in der Suppe.

FÜR 4 PORTIONEN

FÜR DIE FISCHBÄLLCHEN:

1–1,2 kg Makrelen (vom Fischhändler filetieren lassen, ergibt
700–800 g Filets)
50 g Ingwer
1 TL Mais- oder Tapiokastärke
¾ TL feines Meersalz
½ TL weißer Pfeffer aus der Mühle

FÜR DIE SUPPE:

75 g Sojabohnensprossen oder
andere Bohnensprossen
6–8 Baby-Pak-Choi
2–3 Frühlingszwiebeln
1½–1¾ l Hühnerbrühe (am besten
selbst gemachte, siehe S. 178)
150–200 g Reis-Vermicelli

AUSSERDEM:

frittierte Zwiebeln (Asienladen)
zum Bestreuen
Chiliöl (am besten selbst gemachtes,
siehe S. 164) zum Beträufeln

1. Für die Fischbällchen die Fischfilets auf einem Arbeitsbrett auslegen und das Fischfleisch mit einem Löffel von der Haut kratzen (die Gräten vorher ertasten und drumherum arbeiten). Es sollten 400 g abgeschabtes Makrelenfleisch sein.

2. Den Ingwer schälen, fein reiben und 2 EL (samt des entstandenen Ingwer-safts) abmessen. Mit Makrelenfleisch, Stärke, Salz und Pfeffer im Blitzhacker zu einer feinen Farce verarbeiten, dabei je nach Konsistenz noch 1 bis 2 EL kaltes Wasser untermixen. Die Farce sollte formbar, aber nicht zu feucht sein. Dann die Farce für die richtige Konsistenz „schlagen". Dazu die Farce zu einer Kugel formen und 30- bis 40-mal auf den Boden einer großen Schüssel „werfen". Aber Achtung: Schlägt man zu lange, trennt sich die Masse wieder! Die fertige Farce abdecken und 1 Stunde in den Kühlschrank stellen.

3. Für die Suppe die Sprossen mit heißem Wasser abbrausen und abtropfen lassen. Den Pak Choi waschen, putzen und klein schneiden. Die Frühlingszwiebeln putzen, waschen und in feine Ringe schneiden.

4. Die Hühnerbrühe in einem weiten Topf erhitzen. Die Fischfarce mit richtig nassen Händen zu 20 bis 24 Bällchen formen (ich nehme zum gleichmäßigen Portionieren einen kleinen Eisportionierer mit 4 cm Ø). Die Bällchen in die Brühe geben und bei schwacher Hitze 7 bis 10 Minuten gar ziehen lassen. Inzwischen den Pak Choi in einem großen Topf mit kochendem Wasser etwa 1 Minute blanchieren, mit dem Schaumlöffel herausnehmen und auf Suppenschalen verteilen. Jetzt die Reis-Vermicelli nach Packungsanweisung einweichen, abgießen und ebenfalls auf die Schalen verteilen.

5. Die Fischbällchen mit dem Schaumlöffel aus der Brühe heben und mit den Sprossen auf die Vermicelli häufen. Alles mit der Hühnerbrühe aufgießen und die Frühlingszwiebelringe daraufgeben. Mit ein paar frittierten Zwiebeln bestreuen und etwas Chiliöl beträufeln.

MEIN TIPP: Ist die Hühnerbrühe gut abgeschmeckt, braucht es nach dem Garen der Fischbällchen keine weitere Würze. Die Suppe hat dann auch bereits eine angenehme Fischnote. Falls es aber doch noch etwas braucht, reicht schon ein kleiner Spritzer Soja- oder Fischsauce.

ZUBEREITUNG: CA. 45 MINUTEN
KÜHLEN: 1 STUNDE

CURRY-LAKSA

── MIT HÄHNCHEN, GARNELEN UND TOFU-PUFFS ──

Laksa ist Singapurs Suppen-Nummer-eins-Hit (ähnlich der Tom Kha Gai in Thailand), wobei diese Suppe
im Rest von Südostasien – in unterschiedlichen Versionen – ebenfalls sehr populär ist. Wer eine authentische
Suppenschale nach allen Regeln der Kunst zubereiten möchte, braucht weit mehr als zwei Dutzend
Zutaten. Aber es geht zum Glück auch etwas einfacher! Und selbst diese abgespeckte Variante versetzt mich
für einen kurzen Moment nach Katong (ein für Laksa bekannter Stadtteil).

FÜR 4 PORTIONEN

300–400 g Hähnchenkeulenfleisch
(ohne Haut, ersatzweise Hähnchenbrustfilet)
1–1¼ l Hühnerbrühe (am besten
selbst gemachte, siehe S. 178)
2–4 Eier
8 Riesengarnelen (Tiger Prawns,
ohne Kopf, geschält)
6–8 Tofu-Puffs (Asienladen)
2 Stängel Zitronengras
2–3 Knoblauchzehen
1 walnussgroßes Stück Galgant
1–2 Bio-Limetten
4–5 Stiele Koriandergrün oder
Laksablätter (auch bekannt als
vietnamesische Minze/Koriander)
2 EL Öl
60–80 g Laksapaste (ersatzweise
ca. 50 g rote Currypaste)
500 g Kokosmilch
75–100 g Sojabohnensprossen
oder andere Bohnensprossen
250–350 g Nudeln (chinesische
Eiernudeln und/oder Reis-Vermicelli)
1–2 EL Fischsauce
½–1 EL Palmzucker
feines Meersalz

1. Das Hähnchenfleisch waschen, mit der kalten Hühnerbrühe in einen Topf
geben und aufkochen. Die Hitze so weit reduzieren, dass die Brühe nur ganz
sanft köchelt, und das Hähnchenfleisch 10 Minuten garen. Vom Herd nehmen
und das Fleisch weitere 10 Minuten ziehen lassen. Zwischendurch die Eier in
kochendem Wasser 10 bis 12 Minuten hart kochen, kalt abschrecken, pellen
und halbieren.

2. Inzwischen die Garnelen am Rücken entlang (nicht zu tief) einschneiden und
den Darm mit der Messerspitze vorsichtig herausziehen. Die Garnelen waschen
und trocken tupfen. Die Tofu-Puffs in mundgerechte Würfel schneiden. Das
Zitronengras waschen, putzen und die dicken Enden mit einem Stößel oder
schweren Messer anquetschen, die Stängel quer halbieren. Knoblauch schälen
und fein hacken. Galgant schälen und in dicke Scheiben schneiden. Die Limetten
waschen und vierteln. Die Kräuter abbrausen und trocken schütteln, Blättchen
abzupfen und nach Belieben fein hacken. Das gegarte Hähnchenfleisch aus der
Brühe heben, kurz abkühlen lassen und in mundgerechte Stücke zupfen.

3. Das Öl im Wok erhitzen. Darin den Knoblauch andünsten. Die Laksapaste
dazugeben (die Menge hängt vom persönlichen Schärfeempfinden ab, später
kann man gut noch mal nachlegen) und 2 bis 3 Minuten unter Rühren anbraten.
Mit der Kokosmilch und der Hühnerbrühe ablöschen, Galgant sowie Zitronengras
dazugeben und die Suppe aufkochen.

4. Inzwischen in einem zweiten großen Topf Wasser aufkochen. Die Sprossen
darin 30 Sekunden blanchieren, mit dem Schaumlöffel herausheben und auf
Suppenschalen verteilen. Jetzt die Nudeln ins Wasser geben und nach Packungsanweisung zubereiten, abgießen und auf die Schalen verteilen.

5. Die Hähnchenstücke, die Garnelen und die Tofu-Puffs zur Suppe geben und
3 bis 4 Minuten mitköcheln lassen (Zitronengrasstücke und Galgant können
rausgefischt oder mitserviert werden, aber nicht essen!). Die Suppe mit Fischsauce, Palmzucker und Salz abschmecken. Suppe auf die Schalen verteilen und
mit den Eierhälften, Limettenvierteln und Kräutern abschließen. Dazu passt
Sambal Tumis Belachan (siehe S. 166), von dem sich jeder selbst nehmen kann.

ZUBEREITUNG: CA. 1 STUNDE

WANTAN-SUPPE

— MIT PAK CHOI UND EIERNUDELN —

Wer die omnipräsente Wantan-Suppe als langweilig abtut, der muss sie einmal selbst zubereiten. Diese Suppe lebt nämlich von ihren inneren Werten: Eine gute Wantan-Füllung hat noch Biss, und man erlebt einen wahren Geschmacksflash, wenn man auf ein kleines Stück Ingwer oder Garnele beißt. Serviert werden sie im Idealfall in einer ebenfalls selbst gemachten Brühe, die so gut ist, dass man sie trinken möchte — und natürlich auch darf!

FÜR 4 PORTIONEN

FÜR DIE WANTAN:

20—25 TK-Wantan-Teigblätter
(10 × 10 cm, zum Dämpfen)
5—7 Riesengarnelen (Tiger Prawns,
ohne Kopf, geschält)
1 Frühlingszwiebel
1 Knoblauchzehe
1 walnussgroßes Stück Ingwer
150 g Schweinehackfleisch
½ verquirltes Ei (M, ca. 25 g)
1 EL helle Sojasauce
½ EL Sesamöl
¼ TL weißer Pfeffer aus der Mühle
1 Prise feines Meersalz
1 Prise Zucker

FÜR DIE SUPPE:

4—6 Baby-Pak-Choi
1—1¼ l Hühnerbrühe (am besten
selbst gemachte, siehe S. 178)
200 g chinesische Eiernudeln

1. Für die Wantan die Teigblätter in der Verpackung auftauen lassen. Garnelen am Rücken entlang (nicht zu tief) einschneiden und den Darm mit der Messerspitze vorsichtig herausziehen. Die Garnelen waschen, trocken tupfen und in etwa ½ cm große Würfel schneiden. Die Frühlingszwiebel putzen und waschen, den Knoblauch schälen, beides fein hacken. Den Ingwer schälen und in feine Würfel schneiden. (Natürlich kann man ihn auch fein reiben, dann verteilt sich das Aroma gleichmäßiger in der Füllung, aber klein gewürfelt schmeckt man ihn deutlicher, wenn man daraufbeißt.). Alles mit den restlichen Wantan-Zutaten (außer den Teigblättern) in einer Schüssel gründlich vermengen.

2. Zum Füllen ein kleines Schälchen mit Wasser bereitstellen. Auf der Arbeitsfläche 3 bis 4 Teigblätter auslegen und je 1 TL Füllung in die Mitte geben. Die Teigränder mit etwas Wasser befeuchten (Finger oder Pinsel), dann die vier Ecken nach oben zusammennehmen und direkt über der Füllung zusammendrücken, damit keine Luft eingeschlossen wird. Unbedingt der Versuchung widerstehen, die Wantan mit zu viel Füllung vollzupacken, da sie beim Kochen aufgehen und dann schwierig zu essen sind. Alle fertigen Wantan auf Backpapier ablegen und mit einem Küchentuch abdecken, damit sie nicht austrocknen. Die anderen Teigblätter ebenso füllen.

3. Für die Suppe die Pak Choi putzen, waschen und in 3 bis 4 cm große Stücke schneiden. In einem großen Topf Wasser aufkochen, in einem zweiten Topf die Hühnerbrühe erhitzen. Die Nudeln in das kochende Wasser geben und nach Packungsanweisung garen (lieber bissfest, sie garen in der Brühe nach), mit dem Schaumlöffel herausheben, abtropfen lassen und auf Nudelschalen verteilen. Nun den Pak Choi in das Wasser geben und darin 1 Minute blanchieren, ebenfalls herausheben und auf die Schalen verteilen. Zuletzt die Wantan im leicht simmernden Wasser 5 bis 6 Minuten garen, bevor man sie in die Schalen gibt. Mit der heißen Brühe aufgießen und die Suppe sofort servieren.

MEIN TIPP: Für zusätzliches Aroma sorgen ein paar Tropfen Chili- oder Sesamöl, die man vor dem Anrichten in die leeren Suppenschalen tropft. Wer es richtig scharf mag, träufelt Chiliöl (am besten selbst gemachtes, siehe S. 164) direkt auf die Wantan. Ein paar aufgestreute Möhrenstreifen, frittierte Zwiebeln (Asienladen), Frühlingzwiebel- oder Chiliringe verleihen Extrafarbe und -biss.

ZUBEREITUNG: CA. 1 STUNDE

MISO-RAMEN

— MIT ANGEKNUSPERTEM SCHWEINEFLEISCH —

Wer sich schon eingehend mit dem Thema „japanische Ramen" beschäftigt hat, weiß, wie unerschöpflich
es ist und dass alleine die Frage um Details der Suppenbasis — Shio (Salz), Shoyu (Sojasauce) und Miso (Sojabohnen-
paste) — oder die Zusammenstellung der Toppings ganze Bücher füllt. Dagegen ist meine Ramen-Version überschaubar
und alltagstauglich. Schwer verliebt bin ich in die knusprigen Schweineschulterstückchen — eine Zubereitung,
die ich mir bei David Chang (Momofuku) und J. Kenji López-Alt (Serious Eats) abgeschaut habe.

FÜR 4 PORTIONEN

FÜR DAS KNUSPERFLEISCH:

3 Knoblauchzehen
1 walnussgroßes Stück Ingwer
2 Frühlingszwiebeln
600 g Schweineschulter
feines Meersalz
200—250 g Schweineschmalz
2—3 EL Öl · 2—3 EL helle Sojasauce
1—2 EL Mirin
3 EL Ketjap Manis

FÜR DIE SUPPE:

1½ EL helle Sesamsamen
2 EL Öl · 250 g Schweinehackfleisch
4—5 EL Misopaste (z.B. helle Shiro)
1,6—1,8 l Hühnerbrühe
3 getrocknete Shiitake-Pilze
2—3 TL Dashipulver (jap. Fischbrühe)
1 EL Mirin
½—1 EL helle Sojasauce

FÜR DIE EXTRAS:

100 g Sojabohnensprossen
3—4 Frühlingszwiebeln
2—4 eingelegte Eier (Ajitsuke
Tamago, siehe S. 19)
400—500 g japanische Ramen-
Nudeln (frisch oder getrocknet)

ZUBEREITUNG: CA.1 STUNDE
KONFIEREN: 3-4 STUNDEN

1. Für das Knusperfleisch am Vortag den Backofen auf 130°C vorheizen. Knoblauch und Ingwer schälen und in Scheiben schneiden. Frühlingszwiebeln putzen,
waschen und in grobe Stücke schneiden. Schweineschulter 5 cm groß würfeln,
salzen. Alles in einen großen Topf einschichten (der Boden sollte dicht bedeckt
sein). Das Schmalz zerlassen und das Fleisch damit bedecken. Im Ofen auf der
mittleren Schiene zugedeckt konfieren lassen — nach 3 bis 4 Stunden sollte sich
ein Fleischstück mit einer Gabel zerdrücken lassen. Fleisch aus dem Topf nehmen
und 15 Minuten abkühlen lassen, dann mit zwei Gabeln in mundgerechte Stücke
zupfen. In einem geschlossenen Behälter im Kühlschrank aufbewahren.

2. Am nächsten Tag für die Suppe die Sesamsamen goldbraun rösten und im
Mörser grob zerreiben. Das Öl in einem Topf erhitzen und das Hackfleisch darin
scharf anbraten — es soll deutlich (!) bräunen und darf auch am Topfboden
ansetzen. Sesam und 2 EL Misopaste dazugeben und kurz mitrösten, mit der
Hühnerbrühe ablöschen. Die Shiitake-Pilze abbrausen und in den Topf geben.
Die Suppe zugedeckt bei schwacher Hitze 20 bis 30 Minuten sanft köcheln las-
sen. Durch ein feines Sieb gießen und alle festen Bestandteile entsorgen. Den
Topf auswischen, die Suppe wieder hineingießen und mit übriger Misopaste,
Dashipulver, Mirin und heller Sojasauce abschmecken.

3. Inzwischen für die Extras in einem großen Topf Wasser aufkochen. Darin die
Sprossen 30 Sekunden blanchieren, mit dem Schaumlöffel herausheben und auf
Suppenschalen verteilen (das Wasser wird im Anschluss für die Nudeln weiterver-
wendet). Die Frühlingszwiebeln putzen, waschen und in feine Ringe schneiden.
Die eingelegten Eier halbieren.

4. Das Öl in einer Pfanne erhitzen. Darin das zerzupfte Fleisch scharf anbraten.
Sobald die Spitzen Farbe annehmen und knusprig werden, mit heller Sojasauce,
Mirin, Ketjap Manis und Salz abschmecken, beiseitestellen.

5. Nun die Suppenschalen fertig machen: Die Ramen-Nudeln nach Packungsanweisung bissfest kochen, in ein Sieb abgießen und auf die Schalen verteilen.
Mit heißer Suppe übergießen und das Knusperfleisch, die Frühlingszwiebeln und
die Eier darauf anrichten. Sofort servieren!

PHO BO

Auch wenn die Bevölkerung Singapurs mehrheitlich chinesischen, malaysischen und indischen Ursprungs ist, kulinarisch könnte das Angebot nicht vielfältiger sein. Steht einem der Sinn nach thailändischer Küche? Lust auf japanisches Essen? Indonesisch? Koreanisch? Philippinisch? Burmesisch? Check, check, check, ... Und auch eine gute vietnamesische Pho Bo (sprich „Fah bah") lässt sich in beinahe jedem Stadtteil finden.

FÜR 4 PORTIONEN

FÜR DIE BRÜHE:

1 kg Rinderknochen (Mark- und Fleischknochen) · 1 große Zwiebel
1 walnussgroßes Stück Ingwer
4 Hähnchenflügel
400—500 g Rinderwade
2 Sternanise · 4 Gewürznelken
1 Zimtstange
je ½ TL schwarze Pfefferkörner, Fenchelsamen und Korianderkörner
1—2 TL asiatischer Kandiszucker (ersatzweise herkömmlicher Zucker)
2—3 EL Fischsauce · feines Meersalz

FÜR DIE EINLAGE:

300 g Reisnudeln (lange Bandnudeln)
1 Handvoll Sojabohnensprossen oder andere Bohnensprossen
2 Frühlingszwiebeln
4—6 Stiele Kräuter (Koriandergrün, Minze und Thai-Basilikum)
250—300 g Rinderfilet (in ganz dünnen Scheiben)

AUSSERDEM:

ein paar Limettenviertel, Hoisin-Sauce, Chilisauce (z.B. Sriracha) oder Sambal Tumis Belachan siehe S. 166) zum Servieren

1. Für die Rinderbrühe zuerst die Knochen abkochen, damit die Brühe klar bleibt: Die Rinderknochen in einem großen Topf mit Wasser aufkochen und 10 Minuten kochen lassen. Die Knochen in ein Sieb abgießen, den Topf ausspülen und die Knochen mit kaltem Wasser abbrausen. Zwischendurch die Zwiebel waschen und samt Schale halbieren. Den Ingwer waschen und in dicke Scheiben schneiden. Die Schnittflächen der Zwiebel und Ingwerscheiben in einer Pfanne dunkel anrösten. Die Hähnchenflügel waschen.

2. Die Knochen mit Hähnchenflügeln, Rinderwade, Zwiebelhälften und Ingwerscheiben in den Topf geben und mit 2 ½ l kaltem Wasser aufkochen. Die Hitze so weit reduzieren, dass die Brühe zugedeckt nur noch ganz sanft köchelt — mindestens 4 Stunden lang (6 oder 8 Stunden verleihen ihr aber einen noch intensiveren Geschmack). Dabei in der ersten Stunde den entstehenden Schaum mit einem Löffel sorgfältig abschöpfen. Zur Hälfte der Kochzeit die Gewürze in der Pfanne anrösten, bis sie duften, dann ebenfalls zur Brühe geben.

3. Nach Ende der Kochzeit die Rinderknochen und -wade sowie die Hähnchenflügel aus dem Topf nehmen und anderweitig verwenden (siehe Tipps S. 178). Das Fett auf der Brühe mit einem Löffel abschöpfen. Die Brühe durch ein feines Sieb (oder auch ein Passiertuch oder einen Nussmilchbeutel) abseihen und zurück in den ausgewischten Topf geben. Mit Zucker, Fischsauce und Salz würzen, heiß halten.

4. Für die Einlage die Reisnudeln nach Packungsanweisung einweichen, in ein Sieb abgießen, abtropfen lassen und auf vier Suppenschalen verteilen. Zwischendurch die Sprossen heiß abbrausen und abtropfen lassen. Die Frühlingszwiebeln putzen, waschen und fein schneiden. Die Kräuter abbrausen und trocken schütteln, die Blättchen abzupfen.

5. Die rohen Rinderfiletscheiben auf den Nudeln verteilen und mit der heißen Rinderbrühe übergießen (diese gart das Filet). Sojasprossen, Frühlingszwiebeln und die Kräuter darübergeben. Die Pho Bo mit Limettenvierteln, Hoisin-Sauce, Chilisauce oder Sambal servieren, sodass sich jeder selbst davon nehmen kann.

ZUBEREITUNG: CA. 1 STUNDE
KOCHEN: 4 STUNDEN

NUDELN, REIS & GEMÜSE

BAN MIAN

— NUDELSCHALE MIT SCHWEINEHACK UND PAK CHOI —

Für jemanden, der keine asiatische Sprache beherrscht, sind die Namen vieler Gerichte meist unergründlich.
So kann eine Nudelschale wie diese als Ban Mian, Mee Hoon Kueh oder Pan Mee bezeichnet werden.
Der Teufel steckt dabei im Detail und in regionalen Ausprägungen. Oft wird man zudem noch gefragt, ob man seine
Nudeln „wet" (mit Suppe aufgegossen) oder „dry" (reguläres Nudelgericht) möchte. Am besten macht man
sich also locker und nennt sie einfach Lieblingsnudeln. Das sind sie mittlerweile bei uns zu Hause, unangefochten!

FÜR 2 PORTIONEN

20 g getrocknete kleine
Anchovis (Ikan Bilis)
50 ml Erdnussöl
2 Eier
2 Schalotten
1—2 Knoblauchzehen
200 g Schweinehackfleisch
1 EL Sesamöl
1 EL helle Sojasauce
1 EL dunkle Sojasauce
1 EL Austernsauce oder 1 TL Chili-
Garnelen-Paste (Nam Prik Pao)
feines Meersalz
weißer Pfeffer aus der Mühle
2—4 Baby-Pak-Choi
250—300 g frische Nudeln
(siehe S. 172)

AUSSERDEM:

Chiliöl (am besten selbst gemachtes,
siehe S. 164) und/oder Sambal Tumis
Belachan (siehe S. 166) zum Servieren

1. Die Anchovis abbrausen und mit Küchenpapier gut trocken tupfen. In einem kleinen Topf das Erdnussöl erhitzen. Darin die Anchovis frittieren, bis sie goldbraun sind, dann auf Küchenpapier entfetten. Das Frittieröl für später aufheben. Die Eier in siedendem Wasser 2 bis 3 Minuten pochieren (siehe S. 19), mit einer Schöpfkelle herausnehmen und in kaltes Wasser legen (stoppt den Garprozess). Die Schalotten und den Knoblauch schälen und in kleine Würfel schneiden.

2. In einem Wok 2 EL Frittieröl (von den Anchovis) erhitzen. Darin Schalotten und Knoblauch andünsten. Das Hackfleisch dazugeben und bei mittlerer Hitze 3 bis 4 Minuten krümelig braten. Sesamöl, Sojasaucen und Austernsauce oder Chili-Garnelen-Paste unterrühren. Nun die Hitze erhöhen und das Hack kräftig braten, bis es anfängt knusprig zu werden. Mit Salz und Pfeffer (und auch gerne mehr von den Saucen) abschmecken, vom Herd nehmen.

3. Zwischendurch den Pak Choi waschen und putzen. In einem großen Topf reichlich Salzwasser aufkochen. Darin die Nudeln 3 bis 5 Minuten bissfest garen. Dabei 2 Minuten bevor die Nudeln gar sind den Pak Choi dazugeben und mitkochen, in der letzten Minute die bereits pochierten Eier dazugeben (sie sollen lediglich erhitzt werden).

4. Den Pak Choi und die Eier aus dem Topf nehmen, die Nudeln abgießen. Dann die Nudelschalen fertig machen: Nudeln auf zwei große Schalen verteilen, darauf das gebratene Hackfleisch, den Pak Choi, die pochierten Eier und die frittierten Anchovis anrichten. Mit Chiliöl und/oder Sambal servieren.

MEIN TIPP: Knackpunkt bei diesem Rezept ist das parallele Zubereiten der einzelnen Bestandteile. Multitasker sind also klar im Vorteil, da alles idealerweise gleichzeitig fertig werden sollte! Tröstlich: Mit jedem Kochen wird man schneller und routinierter. Natürlich können statt der selbst gemachten auch fertige asiatische (Eier-)Nudeln — frische aus der Kühltheke oder getrocknete — verwendet werden, man bringt sich dabei allerdings um ein echtes Highlight. Klassisch wird übrigens oft ein wenig klare Brühe (aus Schweinefleisch und/oder Anchovis) dazu gereicht. Und wer partout keine frittierten Anchovis mag, ersetzt sie durch frittierte Zwiebeln (Asienladen).

ZUBEREITUNG: CA. 30 MINUTEN

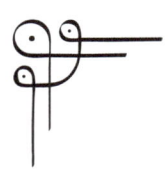

GEBRATENE REISNUDELN

— CHAR KWAY TEOW —

Dieses Reisnudelgericht ist — nicht nur für mich — ein absoluter Liebling aller Singapurer Hawker Centres. Abgesehen von einer enormen Bandbreite an Variationen (mit Muscheln, Fishcakes, chinesischer Wurst, Fleisch) zeichnet einen guten Teller Char Kway Teow vor allem eins aus: Wok hei! Hinter diesem chinesischen Begriff versteckt sich die geschmackliche Nuance, die ein stark eingebrannter Wok beim Rührbraten bei starker Hitze an das Gargut abgibt. Versierte Köche bereiten deshalb nie mehr als zwei Portionen auf einmal im Wok zu.

FÜR 2 PORTIONEN

300 g frische Reisnudeln
(siehe S. 168)
2 EL Ketjap Manis
1½ EL helle Sojasauce
½ EL Austernsauce
1 TL Fischsauce
1 TL Sambal Oelek
¼ TL weißer Pfeffer aus der Mühle
2 Knoblauchzehen
1 Schalotte
½ große rote Chilischote
3—4 Frühlingszwiebeln
1 Lap Cheong (chinesische Wurst,
ca. 50 g, nach Belieben)
150 g Garnelen (ohne Kopf,
geschält)
2 Eier
75 g Sojabohnensprossen oder
andere Bohnensprossen
2—3 EL Schweineschmalz
(auch gut: 1 EL Schweineschmalz
durch Griebenschmalz ersetzen)

1. Da das tatsächliche Braten unter Rühren im Wok nur wenige Minuten dauert, müssen wirklich alle Zutaten abgewogen, geputzt und geschnitten sowie alle benötigten Kochutensilien fix und fertig bereitstehen.

2. Die Reisnudeln wie auf S. 168 beschrieben zubereiten. Süße und helle Sojasauce, Austernsauce, Fischsauce, Sambal Oelek und den Pfeffer in einer kleinen Schüssel zu einer Würzsauce verrühren. Den Knoblauch und die Schalotte schälen und in feine Würfel schneiden. Die Chilischote längs halbieren, entkernen, waschen und fein hacken. Die Frühlingszwiebeln putzen, waschen und in etwa 5 cm lange Streifen schneiden. Eventuell die Wurst möglichst schräg in dünne Scheiben schneiden. Die Garnelen am Rücken entlang (nicht zu tief) einschneiden und den Darm mit der Messerspitze vorsichtig herausziehen. Die Garnelen waschen und trocken tupfen. Die Eier in eine Schüssel aufschlagen. Die Sprossen mit heißem Wasser abbrausen und abtropfen lassen.

3. Das Schmalz im Wok erhitzen und darin Knoblauch, Schalotte und Chili andünsten. Die Hitze erhöhen, die Garnelen und eventuell die Wurstscheiben dazugeben und kurz kräftig anbraten, die Nudeln untermischen. Ab jetzt immer wieder esslöffelweise Würzsauce dazugeben und alles bei starker Hitze 1 bis 2 Minuten unter Rühren braten, damit nichts zusammenklebt.

4. Nudeln und Garnelen auf eine Seite des Woks schieben. Die Eier auf die freie Wokseite gießen und kurz stocken lassen, erst dann mit dem Pfannenwender wie Rührei zerreißen, bevor man den gesamten Wokinhalt vermengt. In der Zwischenzeit dürfen einzelne Reisnudeln durchaus deutliche Bratspuren bekommen haben — DAS gehört ebenfalls zum ominösen „Wok hei!" und macht das ganze Gericht noch ein bisschen unwiderstehlicher!

5. Zum Schluss die Sprossen und die Frühlingszwiebeln mit in den Wok geben und kurz mitbraten, das Char Kway Teow auf Tellern oder in Schüsseln anrichten und genießen!

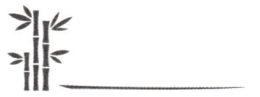

ZUBEREITUNG: CA. 30 MINUTEN

GEDÄMPFTER KLEBREIS MIT HÄHNCHEN

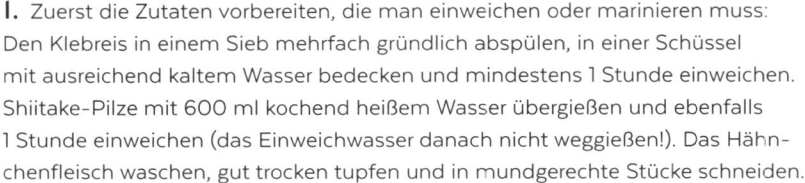

Gedämpften Klebreis bekommt man in Singapur in allen Formen, Farben und Kombinationen.
Ist er nicht gerade kunstvoll in Lotusblätter gewickelt, erfreut sich diese in kleinen Schalen gedämpfte,
kantonesische Version vor allem in Dim-Sum-Lokalen großer Beliebtheit.

FÜR 4–6 PORTIONEN

300 g Klebreis
4–6 getrocknete Shiitake-Pilze
200 g Hähnchenkeulenfleisch
(ohne Haut)
1 TL Maisstärke
2 EL Sesamöl
1½ EL Austernsauce
1 EL helle Sojasauce
1½ EL dunkle Sojasauce
½ EL Reiswein (z.B. Shaoxing)
1 TL 5-Gewürze-Pulver
¼ TL weißer Pfeffer aus der Mühle
2 Knoblauchzehen
2 Schalotten
4–5 EL Erdnussöl
feines Meersalz
1 Lap Cheong (chinesische Wurst,
ca. 50 g)

AUSSERDEM:
4–6 Schälchen (Metall oder
Porzellan) zum Dämpfen
großer Bambuskorb und passender
Topf zum Dämpfen

1. Zuerst die Zutaten vorbereiten, die man einweichen oder marinieren muss:
Den Klebreis in einem Sieb mehrfach gründlich abspülen, in einer Schüssel
mit ausreichend kaltem Wasser bedecken und mindestens 1 Stunde einweichen.
Shiitake-Pilze mit 600 ml kochend heißem Wasser übergießen und ebenfalls
1 Stunde einweichen (das Einweichwasser danach nicht weggießen!). Das Hähnchenfleisch waschen, gut trocken tupfen und in mundgerechte Stücke schneiden.

2. In einer Schüssel die Stärke, 1 EL Sesamöl, ½ EL Austernsauce, ½ EL helle
Sojasauce, ½ EL dunkle Sojasauce, Reiswein, 5-Gewürze-Pulver, Pfeffer und
2 EL Einweichwasser (von den Pilzen) kräftig verrühren. Das Hähnchenfleisch
untermischen und 30 Minuten marinieren.

3. Den Reis abgießen und abtropfen lassen. ¼ l vom Einweichwasser der Pilze
abschöpfen (ohne Bodensatz!). Den Knoblauch und die Schalotten schälen und
in feine Würfel schneiden.

4. Im Wok 2 EL Erdnussöl erhitzen, Knoblauch und Schalotten darin andünsten. Den Reis dazugeben und mit übriger Austernsauce, restlichem Sesamöl, übrigen Sojasaucen und 1 Prise Salz würzen. Den Reis bei mittlerer Hitze etwa 5 Minuten braten, dabei nach und nach immer wieder ein wenig Einweichwasser einrühren, bis die ¼ l aufgebraucht sind.

5. Den Reis in eine Glas- oder Metallschüssel füllen, glatt streichen. Die Schüssel in den Bambuskorb stellen und diesen in den Topf setzen, der mit etwas Wasser gefüllt ist. Das Wasser aufkochen und den Reis zugedeckt 15 bis 30 Minuten knapp bissfest dämpfen (verkosten!).

ZUBEREITUNG: CA. 1 STUNDE
EINWEICHEN & MARINIEREN:
1 STUNDE

6. Inzwischen die Wurst schräg in dünne Scheiben schneiden und mit ein paar Tropfen Erdnüssöl im Wok andünsten, dann auf die Dämpf-Schälchen verteilen. Die Shiitake-Pilze aus dem übrigen Einweichwasser nehmen und in dünne Scheiben schneiden.

7. Restliche 1 bis 2 EL Erdnussöl im Wok erhitzen und darin die Shiitake kurz anrösten. Das Hähnchenfleisch samt der Marinade dazugeben und unter Rühren 2 bis 3 Minuten braten. Mit 100 bis 125 ml des restlichen Einweichwassers aufgießen, kurz einkochen lassen.

8. Die Shiitake-Pilze und das Hähnchenfleisch gleichmäßig auf die Schälchen verteilen (der Schälchenboden sollte vollständig mit Wurst, Pilzen und Hähnchen ausgelegt sein), Saucenreste aufheben. Nun den gedämpften Reis mit einem Löffel auf die Schälchen verteilen und etwas festdrücken, damit er beim späteren Stürzen optimal zusammenhält. Zum Schluss die übrige Sauce darauf verteilen.

9. Jedes Schälchen gut mit Alufolie abdecken und in den Bambuskorb stellen. Den Bambuskorb wieder in den Topf setzen, der mit etwas Wasser gefüllt ist. Das Wasser aufkochen und den Schälcheninhalt zugedeckt 10 Minuten dämpfen. Die Schälchen aus dem Bambuskorb nehmen und ein paar Minuten abkühlen lassen. Den Reis rundherum mit einem Messer lösen und die Loh Mai Gai auf Teller stürzen. Servieren.

 MEIN TIPP: Reste schmecken aufgewärmt fast noch besser — einfach in Schälchen im Bambuskorb 10 bis 15 Minuten im Dampf erhitzen.

DUCK FRIED RICE

— GEBRATENER REIS MIT ENTENBRUST —

Fried Rice ist ein typisches Freestyle-Gericht. Bei mir immer gern aus der Schublade gezaubert, wenn vereinsamte Kühlschrankreste Verwendung finden sollen. Anders in diesem Fall: In Singapur hatte ein Duck Fried Rice (Mitzo) so sagenhaft gut geschmeckt, dass ich mir vornahm, eine Variante zu finden, die auch zu Hause schnell zubereitet werden kann. Die Möglichkeit, mal eben im nächsten Hawker Centre ein Stück fertige Teochew-Ente mitzunehmen, haben wir ja leider nicht. Und tatsächlich ... es wurde ein neues Lieblingsrezept daraus.

FÜR 2–3 PORTIONEN

1 Entenbrust (ca. 250 g)
1 TL 5-Gewürze-Pulver
1 TL Sesamöl
2 Frühlingszwiebeln
1 kleine Möhre
1 walnussgroßes Stück Ingwer
2 Knoblauchzehen
½ große grüne Chilischote
(nach Belieben)
2 Eier
2 EL helle Sojasauce
1 TL dunkle Sojasauce
300–350 g gegarter Basmatireis
(vom Vortag, siehe S. 107)
1 EL Reiswein (z.B. Shaoxing)
feines Meersalz
weißer Pfeffer aus der Mühle

AUSSERDEM:

ein paar Limettenviertel,
Chilisauce (z.B. Sriracha) und
Hoisin-Sauce zum Servieren

1. Das Braten von Reis ist eine schnelle Angelegenheit, deshalb unbedingt alle Zutaten vorbereiten und bereitstellen. Entenbrust waschen und trocken tupfen. Die Haut vom Fleisch lösen: mithilfe von Küchenpapier an einer Seite greifen und abziehen. Da die Haut ohnehin zerkleinert wird, macht es auch nichts, wenn das nicht in einem Stück klappt. Die Haut in maximal 1 cm große Stücke schneiden. Brustfilet längs halbieren, quer zur Faser in ½ cm dicke Scheiben schneiden und mit dem 5-Gewürze-Pulver und dem Sesamöl mischen.

2. Die Frühlingszwiebeln putzen, waschen und in 4 cm lange Stücke schneiden. Die Möhre putzen, schälen, längs halbieren und in dünne Scheiben schneiden. Den Ingwer und den Knoblauch schälen, eventuell die Chili entkernen und waschen, alles fein hacken. Die Eier in einer Schüssel mit 1 TL heller Sojasauce mit einer Gabel verrühren.

3. Einen Wok erhitzen. Darin die Hautstücke im eigenen Fett goldbraun und knusprig braten, herausnehmen und auf Küchenpapier entfetten. Fett im Wok bis auf 2 EL abgießen und beiseitestellen (wird noch gebraucht). Die Hitze ordentlich (!) erhöhen, die Entenbrust in den Wok geben und 2 bis 3 Minuten unter Rühren braten, dabei mit der dunklen Sojasauce würzen. Das Fleisch in eine Schüssel füllen und den Wok mit Küchenpapier auswischen.

4. Das restliche Entenfett, Frühlingszwiebeln, Möhre, Ingwer, Knoblauch und eventuell die Chili in den Wok geben und bei mittlerer Hitze 3 bis 4 Minuten anbraten. Den Reis dazugeben, mit dem Pfannenwender auflockern und mit dem Gemüse vermengen. Alles weitere 4 bis 5 Minuten braten, mit dem Reiswein und der übrigen hellen Sojasauce (etwa 1½ EL) würzen. Nun das Entenfleisch dazugeben und alles gut durchmischen.

5. Den Reis etwas zur Seite schieben. Die Eier auf die freie Wokfläche gießen und kurz stocken lassen, umrühren und ganz stocken lassen. Alles gut durchrühren und mit Salz und Pfeffer würzen. Den gebratenen Reis auf Schalen verteilen. Die Entenhautstückchen salzen und über den Reis streuen. Duck Fried Rice sofort servieren! Am Tisch je nach Vorliebe individuell mit Limettensaft, Chili- und Hoisin-Sauce würzen.

ZUBEREITUNG: CA. 40 MINUTEN

BOMBAY-KARTOFFELN

— MIT SCHARFER CURRYPASTE —

Eigentlich sind sie eine typische Beilage zu Fleischgerichten und Currys, aber diese herrlich krossen indischen Kartoffeln haben auch das Zeug zum Hauptdarsteller einer kompletten vegetarischen Mahlzeit. Dazu sollte man dann ein schnell gemachtes Gurken-Raita (siehe Tipp unten) und einen Salat reichen. Wichtig: Kalkulieren Sie die Portionen keineswegs zu knapp. Brät man die Reste am nächsten Tag scharf an und gibt ein paar aufgeschlagene Eiern darüber, werden Sie Rühreier nie wieder anders essen wollen!

FÜR 2–3 PORTIONEN (ODER 4 PORTIONEN ALS BEILAGE)

3–4 EL Ghee oder Öl
1,2 kg festkochende Kartoffeln (geschält ca. 1 kg)
1 EL grobes Meersalz
1 TL gemahlene Kurkuma
1 Zwiebel
1–1½ EL rote oder Massaman-Currypaste
½ TL gemahlener Kreuzkümmel
1½ TL braune Senfkörner
½ TL feines Meersalz
4–5 Stiele Koriandergrün
2 Frühlingszwiebeln

1. Den Backofen auf 200°C vorheizen, ein Backblech mit 1 bis 2 EL Ghee oder Öl einfetten. Die Kartoffeln schälen, waschen und in gut 2 cm große Würfel schneiden. Mit grobem Meersalz und Kurkuma in einen Topf geben und mit kaltem Wasser bedecken. Aufkochen und 6 bis 8 Minuten kochen lassen. Das Kochwasser abgießen (Achtung, es färbt!). Inzwischen die Zwiebel schälen und in nicht zu feine Würfel schneiden.

2. Das übrige Ghee oder Öl über den abgegossenen Kartoffeln verteilen und schmelzen lassen, die Currypaste, den Kreuzkümmel, die Senfkörner, die Zwiebelwürfel und das feine Meersalz grob untermengen. Den Topf mit dem Deckel verschließen und die Kartoffeln mehrmals kurz und kräftig durchrütteln — dadurch wird die Oberfläche der Kartoffeln angeraut (sie werden so im Ofen knuspriger), und die Gewürze verteilen sich gleichmäßiger.

3. Die Kartoffeln großzügig auf dem Backblech verteilen und im Ofen auf der mittleren Schiene 30 bis 40 Minuten goldbraun rösten. Dabei mindestens nach der Hälfte der Garzeit einmal durchmischen und verkosten, ob sie mehr Salz brauchen. Wer die Kartoffeln extra knusprig mag, dreht die letzten 10 Minuten die Hitze hoch und schaltet den Backofengrill dazu. Dann aber unbedingt dabeibleiben, damit nichts verbrennt!

4. Den Koriander abbrausen und trocken schütteln, die Blättchen abzupfen und grob hacken. Die Frühlingszwiebeln putzen, waschen und in feine Ringe schneiden. Beides vor dem Servieren über die Kartoffeln streuen.

MEIN TIPP: Wer es nicht so scharf mag, ersetzt die Currypaste einfach durch mildes Currypulver und/oder Garam Masala. Auch ein Gurken-Raita hilft, die Schärfe im Zaum zu halten. Dafür 500 g Naturjoghurt mit ½ geraspelten Salatgurke sowie ein paar fein gehackten Minzeblättchen verrühren. Mit Salz und 1 Prise gemahlenem Kreuzkümmel abschmecken.

ZUBEREITUNG: CA. 25 MINUTEN
BACKEN: 40 MINUTEN

CHOI SAM STIR-FRY

— BLÜTENKOHL MIT SHIITAKE UND SESAM —

Seit ich dieses asiatische Blattgemüse für mich entdeckt habe, steht Blütenkohl mindestens einmal in der Woche auf dem Speiseplan. Er ist schnell zubereitet, gesund und — für mich immer noch am wichtigsten — sagenhaft lecker. Geschmacklich übrigens gar nicht weit von Pak Choi entfernt, kann der Blütenkohl auch problemlos durch (Baby-)Pak-Choi ersetzt werden.

FÜR 2–4 PORTIONEN

3–4 getrocknete Shiitake-Pilze
400 g chinesischer Blütenkohl
2 Knoblauchzehen
½ große rote Chilischote
(nach Belieben)
2–3 EL Öl
1 TL helle Sesamsamen
1–2 EL helle Sojasauce
Zucker
feines Meersalz
weißer Pfeffer aus der Mühle
ein paar Tropfen Sesamöl
(nach Belieben)

1. Die Shiitake-Pilze in einer Schüssel mit 200 ml kochend heißem Wasser übergießen und mindestens 30 Minuten einweichen.

2. Den Blütenkohl waschen und gut trocken schütteln, die Enden der Stängel knapp abschneiden. Die Blätter von den Stängeln schneiden und ganz lassen, die Stängel in etwa 5 cm lange Stücke schneiden. Den Knoblauch schälen und ganz lassen. Eventuell die Chilischote entkernen, waschen und in feine Ringe schneiden. Die Shiitake-Pilze gut ausdrücken und in Würfel schneiden, das Einweichwasser beiseitestellen.

3. Das Öl in einem Wok erhitzen. Darin die Knoblauchzehen, die Shiitakewürfel und eventuell die Chiliringe kurz anrösten. Die Kohlstängel und 3 bis 4 EL Pilz-Einweichwasser (ohne Bodensatz) dazugeben und unter Rühren bei mittlerer bis starker Hitze 2 bis 3 Minuten braten.

4. Nun auch die Blütenkohlblätter und die Sesamsamen in den Wok geben und alles weitere 2 bis 3 Minuten durchrühren und braten. Mit Sojasauce, 2 Prisen Zucker, Salz, Pfeffer und nach Belieben dem Sesamöl abschmecken.

MEIN TIPP: Meistens wird Choi Sam Stir-Fry als Beilage serviert, man kann aber auch — wie bei beinahe allen Gemüsebeilagen — ein simples Hauptgericht daraus kreieren: einfach mit Reis in eine Schale geben. In diesem Fall unbedingt darauf achten, dass am Ende des Bratvorgangs noch genug Bratsud im Wok ist (sonst noch esslöffelweise Einweichwasser dazugeben), da dieser dem Reis einen tollen Geschmack verleiht!

ZUBEREITUNG: CA. 20 MINUTEN
EINWEICHEN: 30 MINUTEN

STIR-FRY

— RÜHRBRATEN IM WOK —

„Kochen ohne Rezept" bringt so manchen schnell ins Schwitzen. Wie soll das gehen, alles ganz ohne Anleitung? Dabei bestehen Rezepte eigentlich immer aus bereits bekannten Schritten, nur Reihenfolge und Zutaten variieren und ab und an lernt man einen neuen Kniff dazu. Exemplarisch dafür steht ein klassisches Stir-Fry im Wok — fast jeder hat es schon mal zubereitet, trotzdem trauen sich nur wenige ans Improvisieren. Mit diesem kleinen Spickzettel mit den wichtigsten Arbeitsschritten, Regeln und Zutaten kann nicht mehr viel schief gehen:

WOK — RICHTIG HEISS & NICHT ZU VOLL

Ein Stir-Fry wird schnell und bei starker Hitze gebraten. Darum darf der Wok nicht zu voll sein und er muss richtig heiß sein — sonst garen die Zutaten nur im eigenen Saft, anstatt zu braten. Schaut man Hawker- oder Streetfood-Köchen über die Schulter, so werden dort meist nur ein oder zwei Portionen auf einmal gebraten.

MARINIEREN

Wenn noch Zeit ist, lohnt es sich Fleisch, Fisch & Co. zu marinieren, schon eine halbe Stunde macht einen Unterschied. Oft verwendet werden für Marinaden Meersalz, Zucker, Pfeffer, 5-Gewürze-Pulver, Sojasauce, Reiswein (Shaoxing oder Mirin), Sesamöl und Stärke.

TIMING

Verschiedene Gemüse-sorten — entsprechend ihrer Gardauer — nach-einander in den Wok geben (z.B. brauchen Möhren länger als Pilze). Würde bereits angebra-tenes Fleisch zu trocken werden, einfach herausnehmen und zum Schluss vor dem Würzen wieder zufügen.

GLEICHFÖRMIGE ZUTATEN & STÄNDIGE BEWEGUNG

Die Zutaten möglichst gleich groß schneiden — das gewährleistet eine einheitliche Garstufe. Mit einem Pfannenwender werden sie im Wok die ganze Zeit in Bewe-gung gehalten, es heißt schließlich nicht umsonst Stir-Fry, also Rührbraten.

WENIGER IST MEHR — ABER NICHT EINDIMENSIONAL

Keinesfalls zu viele verschiedene Zutaten mischen, aber auch nicht eindimensional kochen. Ein gutes Stir-Fry sollte immer wenigstens zwei kontrastierende Geschmacksnuancen (z.B. süß und salzig, süß und säuerlich) aufweisen.

SAUCE

Ein Stir-Fry hat keine Sauce im klassischen Sinn, ist aber umhüllt vom Bratsud (Öl, Würzsaucen), der während des Rührbratens von selbst etwas eindickt oder der mit Stärke (in kalter Flüssigkeit angerührt) gebunden werden kann. Wird ein Stir-Fry zu trocken, esslöffelweise Wasser oder Brühe zugeben — und erneut abschmecken.

DAS SIND DIE ZUTATEN!

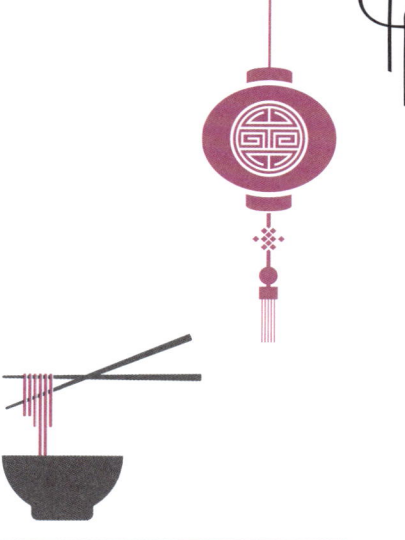

1 BRATFETT – AUCH GESCHMACKSTRÄGER

Hocherhitzbares Fett, z.B. Kokosöl, Erdnussöl, Schweineschmalz, ...

2 UNVERZICHTBAR – TYPISCH ASIATISCH

Ob in Scheiben, fein gewürfelt, gehackt oder gerieben: Pro Person insgesamt mindestens 1 EL einer Mischung aus Ingwer, Knoblauch, Schalotten und/oder Frühlings- zwiebeln, eventuell Chilischoten/ Sambal für Schärfe.

3 EINE HAUPTZUTAT – DER STAR IM WOK

(pro Person 100–150 g)

a) Fleisch oder Geflügel

Alles, was zum Kurzbraten geeignet ist, in Würfeln oder dünnen Scheiben (gegen die Maserung geschnitten), z.B. Schweinebauch, Schweinefilet, Schweinehackfleisch, Rindersteak, Flank- oder Skirtsteak, Hähnchen- brustfilet, Hähnchenkeulenfleisch oder Entenbrustfilet.

b) Fisch oder Seafood

Alles, was eine feste Struktur und keine Gräten hat, in Würfeln oder Scheiben, z.B. Lachs, Kabeljau oder ein anderer Fisch mit festem weißen Fleisch, Garnelen, Kalamari.

c) Vegetarisches

Alles, was beim Rührbraten seine Form behält, z.B. Tofu, Paneer oder Seitan. Und natürlich kann man auch knackiges buntes Gemüse als Haupt- zutat (siehe Punkt 4) verwenden!

4 EIN ODER MEHRERE NEBENZU- TATEN – FRISCH & KNACKIG

Pro Person insgesamt 100–150 g: beinahe jedes Gemüse, das die Form behält (z.B. Pilze, Auberginen, Kohl, Zwiebeln, Möhren, Paprikaschoten, Schlangenbohnen, Spargel, Brokkoli), Bambus- und Sojabohnensprossen sowie Blattgemüse wie Baby-Pak-Choi oder Wasserspinat.

5 SAUCEN & GEWÜRZE – 1001 MÖGLICHKEITEN

Zum Würzen eignen sich helle und dunkle Sojasauce, süße Sojasauce (Ketjap Manis), Fischsauce, Reiswein (Shaoxing, Mirin oder Sake), Austern- sauce, (Chinkiang-) Reisessig, Brühe, helles und dunkles Sesamöl, Chili- sauce, ... Und zum Abschmecken Meersalz, weißer Zucker, Palmzucker, Pfeffer (weiß, schwarz oder Szechuan), 5-Gewürze-Pulver, Kreuzkümmel, Koriander, Zimt, Chiliflakes.

6 FEINE EXTRAS – DIE SAHNEHÄUBCHEN

Kommen entweder zum Schluss mit in den Wok oder als Topping auf das fertige Gericht, z.B. geröstete Erdnuss- oder Cashewkerne, frittierte Zwiebeln oder Schalotten, Frühlingszwiebeln, (geröstete) Sesamsamen, Koriander- grün, Eier (Spiegelei oder pochiert).

7 BEILAGE – NICHTS GEHT OHNE KOHLENHYDRATE

Klassisch werden dazu Reis, Weizennu- deln oder Buns serviert. Gekochter Reis, Weizen- und Reisnudeln oder Reis- kuchen können aber auch im Wok mit- gebraten werden.

1-2-3 STIR-FRY SO GEHT'S

VORBEREITEN

Zutaten putzen, waschen, klein schneiden, alles bereitstellen

BRATEN

1 Fett im Wok erhitzen
2 Unverzichtbares (also Ingwer, Knoblauch, ...) andünsten
3 Die Hauptzutat unter Rühren anbraten
4 Nebenzutat(en) dazu- geben und mitbraten

FINISH

5 Mit Würzsaucen und Gewürzen abschmecken
6 Extras dazugeben
7 Mit Beilage servieren

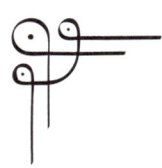

STIR-FRY MIT AUBERGINE

─── FISH-FRAGRANT EGGPLANT ───

Menschen, die behaupten, dass ihnen Auberginen nicht schmecken, haben vielleicht einfach noch nicht die perfekte Zubereitung für ihre ungeliebte Zutat entdeckt. So kenne ich jemanden, der bei diesem Gericht regelmäßig die letzten Reste aus dem Wok löffelt, früher aber geschworen hat, keine Auberginen zu mögen. Und: Es befindet sich wirklich kein Fisch in diesem „fish-fragrant"-Rezept. Der Name dieses Klassikers aus der Szechuan-Küche kommt von der Sauce, die früher hauptsächlich für Fischgerichte verwendet wurde.

FÜR 2–4 PORTIONEN

FÜR DAS STIR-FRY:
1 walnussgroßes Stück Ingwer
2–3 Knoblauchzehen
½ große rote Chilischote
(nach Belieben)
2 Frühlingszwiebeln
400 g längliche, asiatische
Auberginen
2–3 EL Öl

FÜR DIE SAUCE:
1 EL fermentierte Chili-Bohnenpaste
(Doubanjiang)
1–2 EL schwarzer Reisessig
(Chinkiang)
1 EL Reiswein (z.B. Shaoxing)
½–1 EL helle Sojasauce
½–1 EL dunkle Sojasauce
½–1 EL brauner oder weißer Zucker

1. Für das Stir-Fry den Ingwer und den Knoblauch schälen und in feine Würfel schneiden oder hacken. Eventuell die Chilischote entkernen, waschen und sehr fein hacken. Die Frühlingszwiebeln putzen, waschen und in feine Ringe schneiden (wer mag, stellt ein paar davon für das Finish beiseite). Die Auberginen waschen, putzen und in 5 bis 7 cm lange Stücke schneiden. Diese Stücke — je nach Dicke — der Länge nach vierteln oder sechsteln, sie sollten alle ungefähr die gleiche Größe haben.

2. Für die Sauce alle Zutaten mit 50 bis 75 ml kaltem Wasser in eine Schüssel geben und mit dem Schneebesen glatt verrühren.

3. Das Öl im Wok erhitzen. Die Auberginenstücke darin 5 bis 6 Minuten bei starker Hitze anbraten. Dabei das Gemüse immer wieder gut durchrühren, damit die Stücke gleichmäßig bräunen.

4. Die Hitze reduzieren und den Ingwer, den Knoblauch, die Frühlingszwiebeln und eventuell die Chili dazugeben und kurz mitbraten. Alles mit der Sauce ablöschen und ein paar Minuten weiterköcheln lassen, bis die Auberginen gar sind — sie sollen keinen festen Kern mehr haben.

5. Das Stir-Fry mit Sojasauce, Reisessig und Zucker abschmecken und servieren, gerne auch mit Reis! Wer ein paar Frühlingszwiebelringe fürs Finish aufgehoben hat, streut sie vorher noch darüber.

ZUBEREITUNG: CA. 30 MINUTEN

CHAI TOW KWAY

— CARROT CAKE À LA SINGAPUR —

Ein Gericht, das auf der nationalen Beliebtheitsskala ganz weit oben rangiert und viele Nicht-Asiaten sich fragen lässt, wo denn hier bitte die Möhren versteckt sind? Korrekt umschrieben handelt es sich um einen gedämpften Rettich-Reismehlkuchen. Der Name ist angeblich der früheren Bezeichnung von Rettich als „weiße Möhre" geschuldet. Diese Beschreibung hat mich überhaupt nicht angesprochen, aber wie sooft zahlt es sich aus, wenn man den Locals bei ihren Lieblingsgerichten vertraut ...

FÜR 2 PORTIONEN

40 g salzig eingelegter Rettich
(Chai Poh)
375 g Rettich-Reismehlkuchen
3 Knoblauchzehen
½ rote Chilischote (nach Belieben)
1 Frühlingszwiebel
3 Eier (L)
2–3 EL Schweineschmalz
(ersatzweise Öl)
2 TL Fischsauce
3–4 TL Ketjap Manis
feines Meersalz
weißer Pfeffer aus der Mühle

AUSSERDEM:

Sambal Tumis Belachan
(siehe S. 166) zum Servieren

1. Den eingelegten Rettich in einer Schüssel mit kaltem Wasser bedecken und 10 Minuten einweichen (schmeckt so weniger salzig), dann ausdrücken und fein hacken. Inzwischen den Kuchen in 1½ bis 2 cm große Würfel schneiden. Den Knoblauch schälen und fein hacken, eventuell die Chilischote waschen und ebenfalls fein hacken. Die Frühlingszwiebel putzen, waschen und in feine Ringe schneiden. Die Eier in eine Schüssel aufschlagen und verrühren.

2. In einer Pfanne 2 EL Schweineschmalz erhitzen. Darin die Kuchenwürfel bei starker Hitze 7 bis 10 Minuten goldbraun anbraten (wer die Kuchenwürfel extra-knusprig mag, brät sie einfach etwas länger).

3. Die Hitze reduzieren und Rettich, Knoblauch und eventuell Chili in die Pfanne geben (falls nötig auch ein wenig Schmalz). Mit Fischsauce und Sojasauce würzen. Die Eier dazugeben und unter gelegentlichem Rühren 2 bis 3 Minuten stocken lassen. Mit Salz und Pfeffer abschmecken. Zum Schluss die Frühlingszwiebelringe darüberstreuen — fertig! Mit dem Sambal servieren.

RETTICH-REISMEHLKUCHEN: Einen großen Bambuskorb in einen passenden Topf setzen, der mit etwas Wasser gefüllt ist. Eine Auflaufform oder eine Glasschüssel (18 cm Ø) mit Öl einfetten. 125 g Reismehl, 25 g Tapiokastärke, ½ TL feines Meersalz und 200 ml kalte Hühner- oder Gemüsebrühe verrühren. 250 g weißen oder Daikon-Rettich schälen und fein in einen Topf reiben. Mit 200 ml Hühner- oder Gemüsebrühe aufgießen und aufkochen, der Rettich sieht nun glasig aus. Topf vom Herd nehmen und die Reismehlmischung zügig einrühren, da sie schnell andickt (falls nicht, bei schwacher Hitze so lange weiterrühren, bis die Masse eine puddingartige Konsistenz hat). Die Reismasse in die Auflaufform füllen und glatt streichen. Die Form in den Bambuskorb setzen und den Kuchen im geschlossenen Topf über siedendem Wasser 30 bis 45 Minuten garen. Mit einem Holzstäbchen testen, ob der Kuchen fertig ist: Es kann fast (!) sauber herausgezogen werden (nicht irritiert sein, wenn die Oberfläche noch klebrig ist). Den Kuchen mindestens 6 Stunden abgedeckt in den Kühlschrank stellen, wo er deutlich fester wird. Den kalten Rettich-Reiskuchen aus der Form stürzen und wie oben beschrieben weiterverarbeiten. Aus dem Kuchen kann man 4 Portionen Chai Tow Kway zubereiten.

ZUBEREITUNG: CA. 1½ STUNDEN
KÜHLEN: 6 STUNDEN

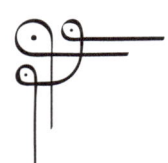

GREEN BEAN BELACHAN

— SCHLANGENBOHNEN SCHARF & WÜRZIG —

Ein typisches malaysisches Beilagengemüse, das mit Reis auch eine vollständige Mahlzeit sein kann.
Dazu werden die gut einen halben Meter langen Schlangenbohnen klein geschnitten und mit einem schnell gemachten
Sambal Belachan gebraten. Im Gegensatz zu den in Europa typischen grünen Bohnen enthalten sie wenig Phasin,
sind also auch nach kurzer Garzeit bekömmlich und können sogar roh gefahrlos verzerrt werden.

FÜR 2–4 PORTIONEN

3–4 große getrocknete Chilischoten
30–40 g getrocknete Garnelen
2–3 Schalotten
2 Knoblauchzehen
400 g Schlangenbohnen
1 TL malaysische Garnelenpaste
(Belachan, im Block)
2–3 EL Öl
150–200 ml Fleisch- oder
Gemüsebrühe
feines Meersalz

1. Die getrockneten Chilischoten mit einer Küchenschere längs halbieren und die Kerne entfernen — das geht sehr gut mit der Scherenspitze. Die Chilis und getrockneten Garnelen jeweils in eine kleine Schüssel geben und mit kochend heißem Wasser übergießen, mindestens 15 Minuten einweichen lassen.

2. Die Chilischoten und Garnelen abgießen und gut ausdrücken. Die Schalotten und den Knoblauch schälen, grob zerkleinern und mit den Chilis im Blitzhacker zu einer feinen Paste zerkleinern. Die Garnelen grob hacken. Die Schlangenbohnen waschen, putzen und in 8 bis 10 cm lange Stücke schneiden.

3. Einen Wok erhitzen. Die Garnelenpaste darin zu Krümeln zerdrücken und kurz anrösten. Das Öl und die gehackten Garnelen dazugeben und anbraten, bis die Garnelen ein wenig Farbe annehmen. Dann auch die Chili-Knoblauch-Paste dazugeben und 2 bis 3 Minuten mitbraten.

4. Die Bohnen in den Wok geben und mit etwa der Hälfte der Brühe ablöschen. Zugedeckt bei mittlerer Hitze 7 bis 10 Minuten bis zur gewünschten Bissfestigkeit garen, dabei immer wieder umrühren und wenig Brühe nachgießen, wenn der Pfanneninhalt zu trocken wird. Das Gemüse mit Salz abschmecken und servieren.

MEINE TIPPS: Kommen die Green Bean Belachan mit Reis auf den Tisch, gebe ich in der letzten Garminute noch 2 bis 3 EL Brühe dazu. So stelle ich sicher, dass genug Flüssigkeit im Wok ist, die zusammen mit den Bohnen über den Reis gelöffelt wird — und diesen ganz köstlich aromatisiert.
Wer keine asiatischen Schlangenbohnen bekommt, kann auch reguläre grüne Bohnen (Brechbohnen oder Keniabohnen) verwenden. Dann beträgt die Kochzeit allerdings mindestens 8 bis 10 Minuten, um Gesundheitsbeeinträchtigungen durch das enthaltene Phasin zu vermeiden.

ZUBEREITUNG: CA. 30 MINUTEN
EINWEICHEN: 15 MINUTEN

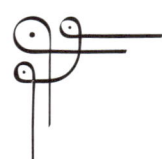

WASSERSPINAT

— MIT GOLDENEM KNOBLAUCH UND AUSTERNSAUCE —

Müsste ich jemanden zu grünem Gemüse bekehren, ich würde es mit asiatischem Wasserspinat versuchen. Er wird nur ganz kurz im Wok gebraten, bleibt dadurch herrlich knackig und behält seine kräftige Farbe. Gleichzeitig fungiert er als eine Art universelle Leinwand, lässt sich in jede nur erdenkliche Richtung würzen (etwa wie die Belachan-Bohnen auf S. 88 oder Choi Sam Stir-Fry auf S. 80). Kein Wunder, dass Kangkung — wie er auch genannt wird — eines der beliebtesten Blattgemüse Asiens ist.

FÜR 2—4 PORTIONEN

400 g Wasserspinat
4—5 Knoblauchzehen
1 walnussgroßes Stück Ingwer
2—3 EL Öl
1 EL Reiswein (z.B. Shaoxing)
1—2 EL Austernsauce
1 TL Sesamöl
feines Meersalz
weißer Pfeffer aus der Mühle
Chiliflakes (nach Belieben)

1. Der Wasserspinat sollte wegen seiner hohlen Stängel besonders sorgfältig gewaschen werden. Dazu die Stängelenden abschneiden und die Stängel in 5 cm lange Stücke schneiden. Die buschigen Spitzen (10 bis 15 cm) ganz lassen, lediglich alle welken Blätter abzupfen. Stängel und Blätter getrennt sehr gründlich in kaltem Wasser waschen. In einem Sieb gut abtropfen lassen.

2. Den Knoblauch und den Ingwer schälen, Knoblauch in dünne Scheiben, Ingwer in feine Stifte schneiden. In einem Wok das Öl erhitzen. Darin den Knoblauch und Ingwer bei mittlerer Hitze andünsten, bis sie gerade beginnen, leicht Farbe anzunehmen.

3. Nun die Wasserspinatstängel dazugeben und bei starker Hitze 1 bis 2 Minuten unter Rühren braten, bevor man Reiswein, Austernsauce und 1 bis 2 EL Wasser dazugibt. Erst jetzt die Wasserspinatblätter hinzufügen und alles unter Rühren weitere 1 bis 2 Minuten braten.

4. Den Wasserspinat mit Sesamöl, Salz, Pfeffer und ein paar Chiliflakes (ich nehme hier gerne die koreanischen) abschmecken und sofort servieren. Der Spinat schmeckt aber auch lauwarm sehr fein.

MEIN TIPP: Wasserspinat (Kangkung) findet man frisch im Kühlbereich eines jeden gut sortierten Asienladens. Die Büschel mögen auf den ersten Blick riesig erscheinen, verlieren beim Braten im Wok aber viel an Volumen.

ZUBEREITUNG: CA. 30 MINUTEN

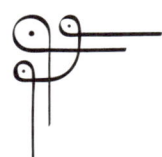

PANEER-TOMATEN-CURRY

— MIT MASALA-PASTE —

Auch indische Küche steht bei mir bei jedem Singapur-Besuch hoch im Kurs. Abseits vom indischlastigen Tekka-Hawker-Centre findet man sehr gute Restaurants (auch rein vegetarische) sowohl in Little India als auch im Rest der Stadt. Wer sich nie so recht entscheiden kann, was er essen möchte, sollte ein Thali in Erwägung ziehen: eine Auswahl verschiedener Speisen wird in kleinen Metallschälchen serviert. Bei mir muss auf jeden Fall ein Gericht mit Paneer (indischer Frischkäse) mit dabei sein.

FÜR 4 PORTIONEN

FÜR DIE MASALA-PASTE:

50 g Cashewkerne
1 walnussgroßes Stück Ingwer
3—4 Knoblauchzehen
½ große rote Chilischote
(nach Belieben)
¼—½ TL Kardamompulver

FÜR DAS CURRY:

2 Zwiebeln · 2—3 EL Butter
2 Lorbeerblätter
1 TL Garam Masala
250 g passierte Tomaten
(aus der Dose)
300—400 ml Hühner- oder
Gemüsebrühe
125 g Sahne oder Kokosmilch
1 TL Zucker · feines Meersalz
1—2 TL Chilipulver (nach Belieben)
1 TL getrocknete Bockshornkleeblätter (nach Belieben)
400 g Paneer (am besten selbst
gemachter, siehe S. 182)

FÜR DAS FINISH:

1 walnussgroßes Stück Ingwer
2 Stiele Koriandergrün
1 TL getrocknete Bockshornkleeblätter (nach Belieben)

1. Für die Masala-Paste die Cashewkerne in einer kleinen Schüssel mit 100 ml kochend heißem Wasser übergießen und mindestens 10 Minuten einweichen. Inzwischen den Ingwer und Knoblauch schälen, eventuell die Chilischote entkernen und waschen, alles grob hacken. Die gesamten Masala-Zutaten (samt Einweichwasser) im Blitzhacker zu einer sämigen Paste verarbeiten.

2. Für das Curry die Zwiebeln schälen und in kleine Würfel schneiden. In einem Wok die Butter schmelzen. Zwiebelwürfel, Lorbeerblätter und Garam Masala dazugeben und andünsten, bis die Zwiebeln glasig sind. Die Masala-Paste einrühren und alles weitere 2 bis 3 Minuten braten.

3. Die passierten Tomaten mit der Brühe, Sahne oder Kokosmilch und Zucker unterrühren und alles bei schwacher Hitze 5 bis 10 Minuten sanft vor sich hin köcheln lassen. Das Curry mit Salz und eventuell noch Chilipulver und zerriebenen Bockshornkleeblättern würzen. Kocht das Curry zu stark ein, zusätzlich ein wenig Flüssigkeit (Sahne, Kokosmilch, passierte Tomaten, Brühe oder Wasser) dazugeben und nachwürzen.

4. Zwischendurch den Paneer in 1½ cm große Würfel schneiden. Für das Finish den Ingwer schälen und in sehr feine Stifte schneiden. Den Koriander abbrausen und trocken schütteln, die Blättchen abzupfen und nach Belieben grob hacken.

5. Die Paneerwürfel unter das Curry rühren und nur noch 3 bis 5 Minuten darin ziehen lassen, dann auf Teller verteilen. Für das Finish das Curry mit Ingwer und Koriander bestreuen und eventuell die Bockshornkleeblätter darüberreiben. Dazu wird Reis, Roti Prata (siehe S. 184) oder anderes Fladenbrot serviert.

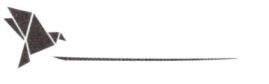

ZUBEREITUNG: CA. 40 MINUTEN

FISCH
& FLEISCH

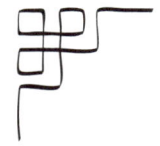
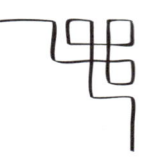

ASSAM PRAWNS

— MIT TAMARINDE —

In Asien ist es absolut üblich, gebratene Garnelen samt Schale zu verspeisen, unzerkaubare Stücke spuckt man ganz pragmatisch einfach aus. Werden die Garnelen mit Kopf serviert, dreht man diesen mit den Fingern ab und saugt ihn meist noch aus — wahrscheinlich nicht jedermanns Sache. Eine richtig knusprige Garnelenschale mitzuessen, sollte man trotzdem mal ausprobieren, gerade bei dieser ausgesprochen köstlichen Marinade!

FÜR 2–4 PORTIONEN

75 g Tamarindenmark
400 g Riesengarnelen (Black Tiger Prawns, ohne Kopf, mit Schale)
2 TL dunkle Sojasauce
1 EL Palmzucker
1 TL feines Meersalz
½ TL weißer Pfeffer aus der Mühle
3–4 EL Öl zum Braten

AUSSERDEM:

ein paar Scheiben Salatgurke
für die Garnitur
ein paar Kalamansi- oder Limettenviertel zum Servieren

1. Das Tamarindenmark etwas zerkleinern, in einer Schüssel mit 150 ml kochend heißem Wasser übergießen und mindestens 10 Minuten stehen lassen. In der Zeit die Garnelen, falls nötig, entdarmen: Dazu mit einer Küchenschere die Oberseite der Schalen der Länge nach aufschneiden (die Schale aber nicht entfernen!). Die Garnelen am Rücken entlang (nicht zu tief) einschneiden und den Darm mit der Messerspitze vorsichtig herausziehen. Garnelen waschen und trocken tupfen.

2. Das weiche Tamarindenmark mit einer Gabel zerdrücken und den gesamten Schüsselinhalt durch ein Sieb streichen (die Rückstände entsorgen). Das Tamarindenmark (es sollten 6 EL sein) mit Sojasauce, Palmzucker, Salz und Pfeffer zu einer Marinade verrühren. Garnelen mit der Marinade in eine Schüssel geben, gründlich vermischen und etwa 30 Minuten durchziehen lassen.

3. Das Öl in einer großen Pfanne erhitzen. Die Garnelen nochmals durchmengen, in einem Sieb kurz abtropfen lassen und nebeneinander so in die Pfanne legen (Vorsicht, spritzt!), dass sie ausreichend Platz haben (sonst zwei Pfannen verwenden oder die Garnelen in zwei Durchgängen braten).

4. Die Garnelen bei starker Hitze 1 bis 2 Minuten auf jeder Seite gar braten. Sie sind fertig, wenn sie die Farbe gewechselt haben und zudem auch schon ein paar dunkle Bratspuren aufweisen — das gibt ihnen erst ihren typischen Geschmack. Garnelen aus der Pfanne nehmen und mit den Gurkenscheiben auf Tellern anrichten. Mit Kalamansi- oder Limettenvierteln zum Beträufeln servieren.

ZUBEREITUNG: CA. 30 MINUTEN
MARINIEREN: 30 MINUTEN

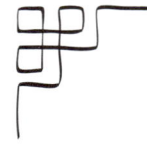

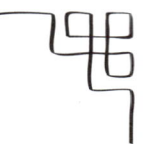

CEREAL KALAMARI

— TINTENFISCHRINGE MIT FRÜHSTÜCKSFLOCKEN —

Cereal zusammen mit Seafood? In Singapur geht das! Man nehme Prawns oder Kalamari, frittiere diese und begrabe sie danach unter einem Berg Nestum-Flocken (siehe Tipp), die mit Butter, roten Chiliringen und Curryblättern aromatisiert wurden. So ungewöhnlich wie gut!

FÜR 2–4 PORTIONEN

300 g Kalamarituben (küchenfertig vorbereitet)
1 Ei
feines Meersalz
¼ TL weißer Pfeffer aus der Mühle
25–30 Curryblätter
1 große rote Chilischote
3 EL Butter
50 g Mehl
50 g Kartoffelstärke
120 g Frühstücksflocken mit Honig
(am besten „Nestum Mel Clássico",
siehe Tipp)
1 Eigelb

AUSSERDEM:

1 l Öl zum Frittieren

1. Die Kalamarituben waschen, trocken tupfen und in etwa 2 cm breite Ringe schneiden. Das Ei in einer Schüssel mit ½ TL Salz und dem Pfeffer verschlagen, die Kalamari dazugeben und 10 Minuten stehen lassen.

2. Inzwischen die Curryblätter abbrausen und trocken tupfen. Die Chilischote waschen und in dünne Ringe schneiden (wer mag, entfernt vorher die Kerne). Beides mit der Butter in einen Wok geben und bereitstellen. In einer großen Schüssel Mehl, Kartoffelstärke und 50 g Frühstücksflocken mischen.

3. Das Öl zum Frittieren 3 bis 4 cm hoch in einen großen Topf füllen und auf 180 °C erhitzen (an einem eingetauchten Holzstäbchen steigen rasch Bläschen auf). Die Kalamariringe portionsweise in der Mehl-Frühstücksflocken-Mischung wälzen, bis sie rundum damit überzogen sind.

4. Wenn das Öl heiß genug ist, die Kalamariringe darin portionsweise je nach Dicke 2 bis 4 Minuten goldbraun frittieren. Dabei immer darauf achten, dass der Topf nie zu voll gefüllt wird, da sonst die Temperatur zu stark fällt oder das Öl schnell überkochen kann. Fertige Kalamari mit dem Schaumlöffel aus dem Topf heben und auf Küchenpapier entfetten. Zwischendurch den Wok mit Butter, Curryblättern und Chiliringen langsam erhitzen.

5. Wenn alle Kalamari frittiert sind, das Eigelb in einer großen Schüssel verrühren und alle Kalamari darin schwenken, bis jeder Ring ein wenig Eigelb abbekommen hat (es fungiert als Kleber). Die Kalamariringe mit den restlichen Nestum-Flocken in den Wok geben. Die Hitze erhöhen und alles unter Rühren 3 bis 4 Minuten braten, bis die Flocken goldbraun sind. Die Cereal Kalamari ordentlich mit Salz würzen und gleich servieren.

MEIN TIPP: Nestum ist unerlässlich für ein authentisches Ergebnis! Diese speziellen Frühstücksflocken sind bei uns — im Gegensatz zu Asien oder Portugal — nicht besonders verbreitet, aber über portugiesische Feinkostläden und diverse Internetanbieter kann man sie ganz einfach beziehen. Oft wird ein Ersatz aus Haferflocken gemischt mit Panko vorgeschlagen, das Ergebnis konnte mich allerdings nicht so recht überzeugen.

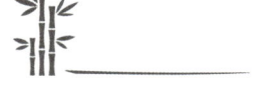

ZUBEREITUNG: CA. 30 MINUTEN

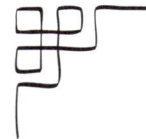

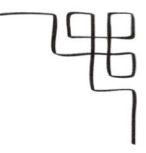

LACHS-DONBURI

─ SUSHI-BOWL FÜR ZWEI LINKE HÄNDE ─

Wer die letzten Jahre nicht auf einer einsamen Insel verbracht hat, der konnte dem Bowl-Trend nicht entkommen. Alles wird nun besonders dekorativ in Schüsseln angerichtet: Es gibt Breakfast-Bowls, Burrito-Bowls, Smoothie-Bowls, Buddha-Bowls, Poke-Bowls, ... Die japanische Hausmannsküchen-Version namens Donburi existierte schon lange vor dieser Welle und ist auch in Singapur wahnsinnig populär.

FÜR 4 PORTIONEN

FÜR DEN REIS:

2 EL heller Reisessig
1 EL Zucker · ½ EL feines Meersalz
300 g Sushi-Reis

FÜR DIE EXTRAS:

2 EL helle und/oder dunkle
Sesamsamen
150–200 g Mango oder Ananas
125 g Daikon-Rettich · ½ Salatgurke
2 Frühlingszwiebeln
2 Avocado · Saft von 1 Limette
500–600 g Lachsfilet
(Sushi-Qualität)
1–2 EL Sesamöl
1–2 EL helle Sojasauce
2–3 EL geröstete Erdnusskerne
(gesalzen oder ungesalzen, nach
Belieben)

AUSSERDEM:

1–2 Noriblätter (in feinen Streifen,
nach Belieben)
würzige Chilicreme (z.B. Sriracha
Mayo Sauce)

1. Für den Reis den Reisessig mit dem Zucker und Salz in einem kleinen Topf erwärmen, bis sich Zucker und Salz aufgelöst haben. Würzessig abkühlen lassen.

2. Den Reis in einen zweiten Topf geben und mehrfach waschen (siehe S. 106). Mit 350 ml kaltem Wasser aufgießen und 30 bis 60 Minuten einweichen (nicht mehr abgießen!). Anschließend bei starker Hitze aufkochen, Temperatur reduzieren und den Reis zugedeckt bei schwacher Hitze 12 bis 14 Minuten ganz sanft garen. Vom Herd nehmen und weitere 10 Minuten zugedeckt stehen lassen.

3. Nun den heißen Sushi-Reis mit einem Holzspatel auflockern und auf einem großen Holzbrett ausbreiten. Sofort mit dem Würzessig beträufeln und behutsam vermengen (ähnlich dem Falten bei Brotteig), damit der Reis gleichmäßig mit dem Essig gewürzt wird. Abkühlen lassen (idealerweise auf Raumtemperatur).

4. Inzwischen für die Extras den Sesam goldbraun rösten. Die Mango oder Ananas schälen und in mundgerechte Stücke schneiden. Den Daikon-Rettich schälen und in feine Stifte oder Scheiben schneiden. Die Gurke waschen und mit dem Sparschäler in lange, dünne Streifen hobeln. Frühlingszwiebeln putzen, waschen und in feine Ringe schneiden. Die Avocados halbieren und die Steine entfernen. Die Avocadohälften schälen, das Fruchtfleisch in dünne Spalten schneiden und mit der Hälfte des Limettensafts beträufeln.

5. Kurz vor dem Servieren das Lachsfilet in feine Scheiben oder mundgerechte Würfel schneiden und in einer Schüssel mit dem übrigen Limettensaft, dem Sesamöl und der Sojasauce mischen (sonst wird es unansehlich grau).

6. Den Sushi-Reis auf Schalen verteilen und Gurke, Ananas oder Mango, Rettich, Frühlingszwiebeln, Avocado und den Lachs darauf anrichten. Mit dem Sesam und eventuell den Erdnüssen bestreuen. Wer mag, gibt noch ein paar Noristreifen darüber. Das Lachs-Donburi mit Chilicreme servieren.

MEIN TIPP: Wer bei Sushi-Reis Wert auf beste Qualität legt, sollte nach sortenreinem „Koshihikari" aus Japan oder Kalifornien suchen (online überhaupt kein Problem). Sonst ist aber normaler Sushi-Reis oder italienischer Risottoreis — besonders Vialone Nano — eine durchaus akzeptable Alternative.

ZUBEREITUNG: CA. 40 MINUTEN
EINWEICHEN: 1 STUNDE
GAREN: CA. 25 MINUTEN

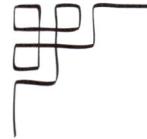

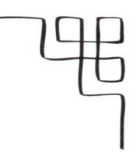

SCHNELLES FISCHCURRY

— MIT TOMATEN UND KURKUMA —

Auch wenn Singapur für das klassische „Fish Head Curry" besonders bekannt ist, so haben die wenigsten Hobbyköche Zugang zu Fischköpfen in der nötigen Größenordnung — und vielleicht auch ein wenig Respekt vor deren Zubereitung. Deshalb ist dieses Rezept eine kleine Offenbarung: Es braucht wenig Arbeit, Zeit und Zutaten, die Küche duftet sagenhaft und das Ergebnis schmeckt wie frisch in einem Hawker Centre gekocht. Ein Lieblingsrezept von mir, das selbst den Alltagstest besteht!

FÜR 2–3 PORTIONEN

300 g Rotbarschfilet
2 TL gemahlene Kurkuma
1 EL Fischsauce
1 EL Sonnenblumenöl
1 große Zwiebel
2 Knoblauchzehen
½—1 rote Chilischote
150 g große Cocktailtomaten
3 EL Ghee oder Sonnenblumenöl
1 TL Ceylon-Zimtpulver
200 g Tomaten (aus der Dose)
125 g Kokosmilch
feines Meersalz
weißer Pfeffer aus der Mühle

AUSSERDEM:

1 verschließbarer Gefrierbeutel (ca. 1 l)
Korianderblättchen oder
frittierte Zwiebeln (Asienladen)
zum Bestreuen

I. Zuerst den Fisch marinieren: Das Rotbarschfilet in etwa 3 cm große Würfel schneiden und zusammen mit Kurkuma, Fischsauce und Sonnenblumenöl in den Gefrierbeutel geben. Den Beutel verschließen und die Fischwürfel mit den Händen behutsam durchkneten, bis sie gleichmäßig mit der Marinade überzogen sind. Das Filet mindestens 15 Minuten bei Raumtemperatur durchziehen lassen.

2. Inzwischen die Zwiebel schälen, längs halbieren und in dünne Spalten schneiden. Den Knoblauch schälen und in feine Scheiben schneiden. Die Chilischote, falls nötig, längs halbieren, entkernen, waschen und in feine Ringe schneiden. Cocktailtomaten waschen und je nach Größe vierteln oder achteln.

3. Das Ghee oder Öl in einem Wok oder einer hohen Pfanne erhitzen. Darin Zwiebel, Knoblauch, Chili und Zimtpulver glasig andünsten. Sobald die Zwiebelspalten leicht Farbe annehmen, die Tomaten in der Dose mit einem Messer oder der Küchenschere grob zerkleinern und mit Kokosmilch und 100 ml Wasser in den Wok oder die Pfanne geben. Kurz aufkochen lassen, dann die Fischwürfel samt der Marinade unterrühren.

4. Das Curry bei schwacher Hitze 8 bis 10 Minuten ganz sanft gar ziehen lassen, nach 5 Minuten die Cocktailtomaten dazugeben. Das fertige Fischcurry mit Salz und Pfeffer abschmecken und auf Schalen verteilen. Mit einer ordentlichen Portion Korianderblättchen oder frittierten Zwiebeln bestreuen und servieren — am besten mit Reis oder Fladenbrot.

MEIN TIPP: Für dieses Fischcurry eignet sich besonders gut das feste, weiße Fleisch von Rotbarsch, aber auch Seelachs oder Kabeljau. Eventuelle Gräten möglichst schon vom Fischhändler entfernen lassen.

ZUBEREITUNG: CA. 35 MINUTEN

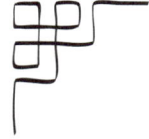

BBQ-SAMBAL-FISCH

—— SCHARFER FISCH AUS DER GRILLPFANNE ——

„Chomp Chomp", der Name eines Hawker Centres nordöstlich des Singapur-Zentrums, steht bei mir als Synonym für „BBQ Sambal Stingray". Serviert auf einem Bananenblatt und mit einer großzügigen Portion Sambal, Schalotten und Kalamansi zupft man das sagenhaft saftige Fleisch des Stachelrochens, das von der Konsistenz an Hühnchen erinnert, von der Haut. Das ist tatsächlich einer der besten Fische, die ich je gegessen habe. Da ein guter Stachelrochen bei uns schwer zu bekommen ist, weiche ich einfach auf andere Fische aus, gerne auch auf Fischfilets. Die Zubereitungszeit wird entsprechend angepasst.

FÜR 2 PORTIONEN

FÜR DAS SAMBAL:

6—8 getrocknete große Chilischoten
1 frische große rote Chilischote
125 g Schalotten
2 Knoblauchzehen
1 Stängel Zitronengras
1—2 TL malaysische Garnelenpaste
(Belachan, im Block)
1—1½ EL Palmzucker
1 TL Limettensaft
1 TL Fischsauce · 4—6 EL Öl
½ TL gemahlene Kurkuma
3—4 Kemiri- oder Macadamianusskerne (nach Belieben)

FÜR DEN FISCH:

2 Bananenblätter (etwas größer
als die Grillpfanne)
1 EL Öl · 1 Schalotte
2 Fischfilets (à 200—250 g,
ohne Haut, siehe Tipp)
feines Meersalz

AUSSERDEM:

große Grillpfanne mit Deckel
ein paar Limettenviertel (noch besser
Kalamansi) zum Servieren

1. Für das Sambal die getrockneten Chilischoten entkernen. Dazu die Schoten mit einer Küchenschere längs aufschneiden und die Samen herauskratzen. Die Schoten in eine Schüssel geben, mit kochend heißem Wasser übergießen und 10 bis 15 Minuten einweichen. Die frische Chilischote längs halbieren, entkernen, waschen und klein schneiden. Schalotten schälen und ebenfalls klein schneiden. Das Zitronengras waschen, putzen und nur den dicken weißen Teil in feine Ringe schneiden. Die Garnelenpaste in feine Scheiben schneiden.

2. Alle vorbereiteten Zutaten mit Palmzucker, Limettensaft, Fischsauce, 1 EL Öl, Kurkuma und eventuell den Nusskernen im Blitzhacker zu einer feinen Sambal-paste verarbeiten. In einer Pfanne 2 bis 3 EL Öl erhitzen. Die Paste darin bei mittlerer Hitze mindestens 15 Minuten anrösten, bis sie etwas dunkler geworden ist. Wird die Paste dabei zu trocken, noch ein wenig vom übrigen Öl dazugeben, dann die Paste aus der Pfanne in eine Schüssel schaben.

3. Für den Fisch die Bananenblätter exakt auf die Größe der Grillpfanne zuschneiden, mit einem feuchten Küchentuch abwischen und mit dem Öl ein-pinseln. Die Schalotte schälen und in feine Spalten schneiden.

4. Die Fischfilets waschen, trocken tupfen, mit Salz würzen und auf beiden Sei-ten großzügig mit Sambal einreiben (dabei am besten Einweghandschuhe tra-gen). Die Grillpfanne mit den Bananenblättern auslegen und erhitzen (mittlere bis starke Hitze), dann die Fischfilets in der Mitte der Blätter platzieren. Die Filets zugedeckt 4 bis 5 Minuten garen. Wenden, das restliche Sambal darauf verteilen und weitere 4 bis 6 Minuten fertig garen (die Blätter verbrennen dabei teilweise). Den BBQ-Sambal-Fisch stilecht mit den Schalottenspalten und den Limetten zum Beträufeln servieren. Wer mag, reicht Reis dazu.

MEIN TIPP: Unvergleichlich gut mit Stachelrochen, aber auch mit anderem Fisch — im Ganzen (küchenfertig) oder als Filet. Gut eignen sich etwa Red Snapper, Makrele, Rotbarsch, Scholle, Seezunge. Wer sich bei der Garzeit ganzer Fische unsicher ist, dem empfehle ich, mit einem Fleischthermometer zu arbeiten. Empfohlen wird eine Kerntemperatur von 55 bis 60°C.

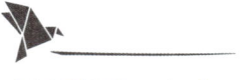

ZUBEREITUNG: CA. 50 MINUTEN

ES GIBT REIS, BABY!

Ähnlich wie auch bei Nudeln ranken sich einige Mythen um richtiges Reiskochen. Nach vielen Jahren des Ausprobierens kann ich zumindest eines mit absoluter Sicherheit sagen: Die einzig wahre Formel, die gibt es nicht. Aber mit wenigen Tipps lässt sich das Ergebnis erheblich optimieren, sodass man selbst ohne Reiskocher, nur mit einem normalen Topf (samt dicht schließendem Deckel) ein überdurchschnittlich gutes Ergebnis erhält.

REISSORTEN

Auch wenn tatsächlich zigtausend Reissorten existieren, die wichtigste Unterscheidung erfolgt erst einmal nach dem Korn: Für die asiatische Küche maßgeblich sind vor allem Sushi-Reis (Rundkorn), Klebreis (Langkorn) sowie der indische Basmati- und thailändische Jasminreis (beides Langkorn).

REIS WASCHEN

Unabhängig davon, in welchem Land der Reis abgepackt wurde, sollte er immer gewaschen werden (Ausnahme: Rundkornreis), um die überschüssige Stärke zu entfernen und so ein besonders lockeres Ergebnis zu erzielen. Dazu gibt man die gewünschte Menge Langkornreis in einen Topf, gießt mit reichlich kaltem Wasser auf und schwenkt den Reis mit der Hand durchs Wasser. Nun das Wasser abgießen und den Reis erneut waschen. Diesen Vorgang so lange wiederholen, bis das Wasser nicht mehr milchig trüb aussieht, sondern relativ klar bleibt, mindestens jedoch drei- bis viermal.

REIS EINWEICHEN

Ob man seinen Reis vor dem Kochen einweicht, ist eine Glaubensfrage, ich habe es mir in den letzten Jahren angewöhnt (vor allem bei Basmatireis). Dazu gießt man den bereits gewaschenen Reis im Topf mit kaltem Wasser auf und lässt ihn 10 bis 30 Minuten stehen, bevor man das Wasser vollständig (!) abgießt. Dieser Schritt trägt ebenfalls zu einem besonders gleichmäßigen Kochergebnis bei.

JASMINREIS KOCHEN (2 PORTIONEN)

200 g gewaschenen Jasminreis mit 325 bis 375 ml* kaltem Wasser und
eventuell 1 Prise Meersalz im Topf aufkochen. Sobald das Wasser 1 Minute
richtig sprudelnd gekocht hat, den Topf mit dem Deckel schließen, die Hitze
auf die kleinste Stufe stellen und den Reis 10 bis 12 Minuten ganz sanft köcheln
lassen. Nun den Topf vom Herd ziehen (Deckel nicht abnehmen!) und den Reis
weitere 10 Minuten ruhen lassen. Fertig! Erst unmittelbar vor dem Servieren
auflockern — so behält der Reis seine Temperatur und die richtige Konsistenz.
(*Abhängig von Qualität/Lagerungszeit variiert der Wassergehalt von Reis weswegen die optimale Kochwassermenge immer ein wenig Ausprobieren erforcert.)

BASMATIREIS KOCHEN (2 PORTIONEN)

200 g eingeweichten, gewaschenen Basmatireis abgießen und
mit 250 bis 265 ml kaltem Wasser und eventuell 1 Prise Meersalz
im Topf aufkochen. Sobald das Wasser richtig sprudelnd kocht,
den Topf mit dem Deckel schließen, die Hitze auf die kleinste
Stufe stellen und den Reis 12 bis 14 Minuten ganz sanft köcheln
lassen. Nun den Topf vom Herd ziehen (Deckel nicht abnehmen!)
und den Reis weitere 10 Minuten ruhen lassen. Fertig! Erst
unmittelbar vor dem Servieren auflockern und auf Teller oder
Schälchen verteilen — so behält der Reis seine Temperatur und
die richtige Konsistenz.

REIS AUF VORRAT

Wer sich bei den Portionsgrößen nicht sicher
ist, kann ganz entspannt auch die doppelte
Menge zubereiten. So hat man am nächsten
Tag ohne Extra-Aufwand fertig gegarten Reis
im Kühlschrank und kann in Nullkommanichts
gebratenen Reis zubereiten. Möchte man auf
die Schnelle „Reis vom Vortag" simulieren,
breitet man frisch gekochten Reis auf Frischhaltefolie aus und lässt ihn dort etwa 1 Stunde
ausdampfen und abkühlen.

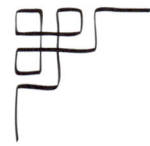

HAINANESE CHICKEN

— EIN NATIONALGERICHT SINGAPURS —

So sicher wie das Amen in der Kirche: Im Maxwell Food Centre befindet sich mittags eine der längsten Schlangen vor dem „Tian Tian" (Stand Nr. 10 & 11). Dort ist das Hainanese Chicken so gut, dass es bis zu Promi-Köchen wie A. Bourdain oder G. Ramsay vorgedrungen ist. Aber auch von anderen Hawkern gibt es tollen Hähnchenreis. Nur ein paar Meter weiter am „Ah Tai"-Stand (Nr. 07) arbeitet ein Ex-Koch vom Tian Tian ...

FÜR 3–4 PORTIONEN

FÜR DEN HÄHNCHENREIS:

60—75 g Ingwer
3—4 Frühlingszwiebeln
1 Hähnchen (ca. 1,2—1,4 kg, küchenfertig)
feines Meersalz
1½—2½ EL Sesamöl
4—6 EL helle Sojasauce
400 g Jasminreis
1—2 Schalotten
2 Knoblauchzehen
2 Pandanblätter

FÜR DIE CHILISAUCE:

3—4 EL Chilisauce (z.B. Sriracha)
2—3 EL Hühnerbrühe (vom Hähnchenkochen für den Reis)
1 TL Sesamöl
½ TL Zucker
feines Meersalz

1. Für den Hähnchenreis den Ingwer schälen und gut die Hälfte davon in dicke Scheiben schneiden. Die Frühlingszwiebeln putzen, waschen und in grobe Stücke schneiden. Das Hähnchen waschen und trocken tupfen, überschüssiges Fett sowie überhängende Haut abschneiden und in kleine Stücke3 schneiden Das Hähnchen großzügig mit Salz einreiben, mit den Ingwerscheiben und den Frühlingszwiebeln füllen und die Öffnung mit Holzspießen verschließen.

2. In einem großen Topf Wasser aufkochen. Das Hähnchen dazugeben (es soll gerade mit Wasser bedeckt sein) und die Hitze so anpassen, dass das Wasser sanft vor sich hinköchelt. Nach 20 bis 30 Minuten den Topf vom Herd nehmen und das Hähnchen mindestens 30 Minuten in der Brühe ziehen lassen (Kerntemperatur mindestens 80°C). Aus dem Topf heben und gut abtropfen lassen. Ingwer und Frühlingszwiebeln aus der Bauchhöhle holen und das Hähnchen mit 1 bis 2 EL Sesamöl einreiben. Die Brühe kräftig mit Sojasauce und Salz würzen.

3. Den Jasminreis mehrfach in einer Schüssel mit Wasser waschen und in einem Sieb abtropfen lassen. Schalotten und Knoblauch schälen und mit dem übrigen Ingwer fein hacken. Die Pandanblätter abbrausen, trocken tupfen, aufeinanderlegen und zusammen verknoten (so geben sie mehr Aroma ab und passen zudem besser in den Topf).

4. Hähnchenhaut und -fett mit ½ EL Sesamöl in einen Topf geben und bei mittlerer Hitze goldbraun auslassen. Darin Schalotten, Knoblauch und Ingwer glasig andünsten. Den Reis dazugeben und 1 bis 2 Minuten mitdünsten. Die Pandanblätter hinzufügen, alles mit ¾ l Hühnerbrühe aufgießen und aufkochen. Die Temperatur reduzieren und den Reis zugedeckt bei schwacher Hitze 10 bis 12 Minuten garen. Dann (zugedeckt lassen!) vom Herd nehmen und weitere 8 bis 10 Minuten fertig dämpfen. Inzwischen für die Chilisauce alle Zutaten verrühren und mit Salz abschmecken. Das Hähnchenfleisch auslösen und in mundgerechte Stücke schneiden.

5. Den Reis in eine kleine Schale pressen und auf Teller stürzen, das Hähnchen daneben anrichten. Dazu wird die Chilisauce gereicht und — für alle, die mögen — auch ein Schüsselchen mit Hühnerbrühe. Außerdem passen dazu Gurkenstücke, Koriandergrün und Ketjap Manis.

ZUBEREITUNG: CA. 40 MINUTEN
GAREN: CA. 1½ STUNDEN

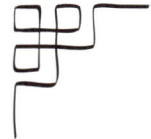

PRAWN PASTE CHICKEN

— CHICKEN WINGS IN KNUSPERHÜLLE —

Ob ein österreichisches Backhendl, ein japanisches Karaage Chicken oder Singapurs beliebtes Har Cheong Gai — einem gut gemachten frittierten Hähnchen kann kaum jemand widerstehen. Singapur mag nur gut 5,6 Millionen Einwohner haben und nur 719 Quadratkilometer groß sein, dass es trotzdem sein eigenes „Fried Chicken"-Rezept hat, finde ich sehr sympathisch!

FÜR 2–3 PORTIONEN

800 g Hähnchenflügel (am besten ohne die Flügelspitze und im Gelenk geteilt)

FÜR DIE MARINADE:

1½ EL Garnelenpaste (siehe Tipp)
1½ EL Reiswein (z.B. Shaoxing)
1 EL Zucker
½ EL Austernsauce
1 EL Sesamöl
¼ TL weißer Pfeffer aus der Mühle

FÜR DEN TEIG:

50 g Mehl
50 g Kartoffelstärke
1 Ei (M)
¼ TL feines Meersalz

AUSSERDEM:

1 l Öl zum Frittieren
Kalamansi- oder Limettensaft,
würzige Chilicreme (z.B. Sriracha Mayo Sauce) zum Servieren

1. Sollten die Hähnchenflügel noch nicht geteilt sein, bei jedem Flügel die Haut bis zum Gelenk einschneiden, den Flügel an beiden Enden anfassen und in entgegengesetzter Richtung drehen. Mit einem großen Messer durch das gelockerte Gelenk schneiden und den Flügel teilen. Die Hähnchenflügelhälften waschen und gut trocken tupfen.

2. Für die Marinade die Garnelenpaste mit Reiswein, Zucker, Austernsauce, Sesamöl und Pfeffer in einer großen Schüssel verrühren. Die Hähnchenflügel dazugeben und mit der Marinade vermengen, bis sie gleichmäßig damit überzogen sind. Die Schüssel abdecken (oder alles in einen großen verschließbaren Gefrierbeutel füllen) und die Hähnchenflügel mindestens 3 Stunden im Kühlschrank marinieren — aber auch 12 Stunden sind kein Problem.

3. Für den Teig in einer großen Schüssel das Mehl mit Kartoffelstärke, Ei, Salz und 50 ml kaltem Wasser verrühren. Ist der Teig zu fest, esslöffelweise noch etwas Wasser einrühren. Der Teig muss dickflüssig sein, damit er die Hähnchenflügel gut umhüllt. Die Flügel samt Marinade dazugeben, alles gut vermengen. Das Öl zum Frittieren in einen großen Topf füllen und auf 180°C erhitzen (an einem eingetauchten Holzstäbchen steigen rasch Bläschen auf).

4. Wenn das Öl heiß genug ist, die Hähnchenflügel nochmals durchmischen, portionsweise nacheinander in das Öl gleiten lassen und 5 bis 7 Minuten goldbraun frittieren. Dabei immer darauf achten, dass der Topf nie zu voll gefüllt wird, da sonst die Temperatur zu stark fällt und der Teig nicht richtig bräunt. Fertige Hähnchenflügel mit dem Schaumlöffel aus dem Topf heben, kurz auf Küchenpapier entfetten und sofort noch ganz heiß schmecken lassen: pur oder mit etwas Kalamansi- oder Limettensaft beträufeln und in Chilicreme dippen.

MEIN TIPP: Bei der Garnelenpaste für dieses Rezept ist eine pastöse Form gefragt, nicht die malaysische feste Belachan-Garnelenpaste, die zu einem Block gepresst wurde. Oft ist diese weiche Paste thailändischer Herkunft, ihre Farbe kann zwischen Grau, Rosa und Aubergine liegen. Der Geruch ist gewöhnungsbedürftig, aber Nase zu und durch — das finale Ergebnis ist es wert und hat mit dem penetranten Aroma des Rohmaterials nichts gemeinsam!

ZUBEREITUNG: CA. 40 MINUTEN
MARINIEREN: 3 STUNDEN

KOREAN POPCORN CHICKEN

— KNUSPRIGES POPCORN-HÄHNCHEN —

Läuft man vom Süden aus die Tanjong Pagar Road entlang Richtung Chinatown, könnte man den Eindruck gewinnen, hier gäbe es nur zwei Arten von Geschäften: Brautmoden und koreanische BBQ-Lokale. Wer „Fried Chicken" mag, der hat hier die Qual der Wahl. Mein Herz gehört dem Korean Popcorn Chicken, knusprig frittierten Hähnchenkeulenstücken in einer unwiderstehlichen klebrigen Sauce: Süß, sauer, scharf, ... ein Traum!

FÜR 2–4 PORTIONEN

FÜR DAS HÄHNCHEN:
1 walnussgroßes Stück Ingwer
350–400 g Hähnchenkeulenfleisch (mit Haut)
1 EL Reiswein (z.B. Shaoxing)
100 g Kartoffelstärke (notfalls Maisstärke)
½ TL feines Meersalz
¼ TL Pfeffer aus der Mühle

FÜR DIE SAUCE:
2–3 Knoblauchzehen
2 EL helle Sojasauce
2 EL Reiswein (z.B. Shaoxing)
2 EL heller Reisessig
2 EL Honig
2 EL koreanische scharfe Gewürzpaste (Gochujang)
1 EL Palmzucker
1 EL Sesamöl

FÜR DAS FINISH:
1 EL helle Sesamsamen oder geröstete gesalzene Erdnusskerne
1 Frühlingszwiebel

AUSSERDEM:
1 l Öl zum Frittieren

1. Für das Hähnchen den Ingwer schälen und fein reiben (es sollte mindestens 1 EL sein). Das Hähnchenfleisch waschen, trocken tupfen und samt der Haut in mundgerechte Stücke schneiden. Beides in einer Schüssel mit dem Reiswein, der Hälfte der Kartoffelstärke, Salz und Pfeffer vermengen.

2. Für die Sauce den Knoblauch schälen und fein reiben oder hacken. Mit Sojasauce, Reiswein, Reisessig, Honig, Gewürzpaste, Palmzucker und Sesamöl in einen kleinen Topf geben. Aufkochen, vom Herd nehmen, Sauce abschmecken.

3. Für das Finish entweder die Sesamsamen in einer Pfanne goldbraun anrösten oder die Erdnusskerne fein hacken. Die Frühlingszwiebel putzen, waschen und schräg in breite Ringe schneiden. Das Öl zum Frittieren in einen großen Topf füllen und auf 180 °C erhitzen (an einem eingetauchten Holzstäbchen steigen rasch Bläschen auf).

4. Die restliche Kartoffelstärke unter die Hähnchenfleischstücke mischen und diese im Öl portionsweise 4 bis 5 Minuten goldbraun frittieren. Dabei immer darauf achten, dass der Topf nie zu voll gefüllt wird, da sonst die Temperatur zu stark fällt und die Fleischstücke nicht richtig bräunen. Fertige Popcorn Chicken mit dem Schaumlöffel aus dem Topf heben und auf Küchenpapier entfetten. Zwischendurch, falls nötig, die Sauce wieder erhitzen.

5. Alle frittierten Popcorn Chicken in eine große Schüssel geben, mit der heißen Sauce übergießen und gut durchmischen, bis alle Stücke mehr oder weniger gleichmäßig mit Sauce überzogen sind. Auf einer großen Platte oder in Schüsseln anrichten, mit Sesam, Erdnüssen und Frühlingszwiebeln bestreuen und sofort servieren.

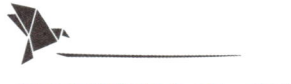

ZUBEREITUNG: CA. 45 MINUTEN

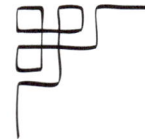

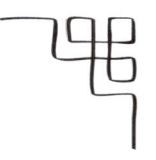

CHAR SIU

— CHINESISCHER BBQ-SCHWEINEBAUCH —

Hat man Char Siu einmal probiert, so versteht man, warum ein derartiger Hype um dieses Fleisch gemacht wird. Jeder Hawker hat sein Geheimrezept für die klebrige, dunkle Glasur, die sich um die Schweinebauchscheiben schmiegt. In Kombination mit dem von schmelzigem Fett durchzogenen Fleisch und den vereinzelten, fast schwarzen Röststellen ist das schwer zu toppen.

FÜR 2–4 PORTIONEN

500 g Schweinebauch
(ohne Schwarte)
2 Knoblauchzehen
4 EL Honig
1 EL helle Sojasauce
1 EL dunkle Sojasauce
1 EL Hoisin-Sauce
1 EL Chilisauce (z.B. Sriracha,
nach Belieben)
1 EL Austernsauce
1–2 EL Reiswein (z.B. Shaoxing)
1 TL 5-Gewürze-Pulver
½ TL weißer Pfeffer aus der Mühle

AUSSERDEM:

1 verschließbarer Gefrierbeutel
(ca. 1 l)

1. Mindestens 1 Tag im Voraus den Schweinebauch längs in etwa 2½ cm dicke Scheiben schneiden und in den Gefrierbeutel geben. Den Knoblauch schälen, fein reiben und mit 2 EL Honig und den übrigen Zutaten ebenfalls in den Gefrierbeutel füllen.

2. Nun aus dem Beutel vorsichtig die Luft herausdrücken, Beutel verschließen und behutsam mit den Händen durchkneten, sodass sich das Fleisch gut mit den anderen Zutaten vermischt und gleichmäßig damit überzogen wird. Den Schweinebauch mindestens 24 Stunden im Kühlschrank marinieren, dabei zwischendurch — falls man daran denkt — ein- oder zweimal durchkneten.

3. Am nächsten Tag den Backofen auf 200°C vorheizen. Ein Backblech mit Alufolie auslegen (das erspart später das mühevolle Säubern des Blechs) und das Ofengitter daraufsetzen. Die Schweinebauchscheiben abtropfen lassen (die Marinade aufheben!), mit etwas Abstand auf dem Gitter verteilen und im Ofen auf der mittleren Schiene 10 Minuten garen.

4. Den übrigen Honig mit 4 EL Marinade verrühren. Das Fleisch mit der Glasur einstreichen, wenden und auch die andere Seite glasieren. Den Schweinebauch weitere 10 Minuten garen. So fortfahren, bis sich ein klebrig-glänzender Überzug auf dem Fleisch gebildet hat, und die Ränder langsam beginnen, sich beinahe schwarz zu verfärben — abhängig von der Größe der Fleischstücke kann das 30 bis 50 Minuten dauern.

5. Die fertigen Schweinebauchscheiben aus dem Ofen nehmen und 5 Minuten ruhen lassen, dann mit einem großen, scharfen Messer quer in dünne Scheiben schneiden. Char Siu pur oder mit Reis genießen.

MEIN TIPP: Diese Art der Zubereitung lässt sich auch auf andere Fleischstücke wie beispielsweise Schulter oder Rippchen übertragen. Kalte Reste schmecken gut auf einem Sandwich oder — klein gehackt — als Füllung für Buns (chinesische gedämpfte gefüllte Brötchen, siehe S. 28).

ZUBEREITUNG: CA. 15 MINUTEN
MARINIEREN: CA. 24 STUNDEN
BRATEN: 30–50 MINUTEN

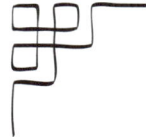

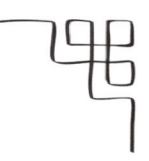

LU ROU FAN

─ GESCHMORTER SCHWEINEBAUCH ─

Auch wenn Schweinebauch bei uns nicht ganz so beliebt ist – sei es wegen des hohen Fettanteils oder der dicken Haut –, in Asien findet er in vielen Gerichten Verwendung. Da ich selbst kein großer Fan von einer gekochten wabbeligen Schwarte bin (sorry für die deutlichen Worte), entferne ich bei diesem Rezept vor der Zubereitung die Haut sowie die unmittelbar darunterliegende Fettschicht (ein Frevel, ich weiß, man kann die Schwarte jederzeit auch dran lassen), abgesehen davon – ist dieser geschmorte Schweinebauch zum Reinlegen!

FÜR 3–4 PORTIONEN

4 getrocknete Shiitake-Pilze
4 Schalotten
125 ml Öl
3–4 Eier
50 g Ingwer
2 Knoblauchzehen
500 g Schweinebauch
(mit oder ohne Schwarte)
1 EL Kandiszucker
2 Sternanise
1 Zimtstange
1 TL 5-Gewürze-Pulver
2 EL Reiswein (z.B. Shaoxing)
2 EL helle Sojasauce
1 EL dunkle Sojasauce
feines Meersalz

1. Die Shiitake-Pilze in einer Schüssel mit ½ l kochend heißem Wasser übergießen und mindestens 30 Minuten einweichen. Die Schalotten schälen und in dünne Ringe schneiden. Schalottenringe in einen kleinen Topf geben und mit dem Öl fast bedecken. Erhitzen, ab und zu umrühren und bei mittlerer Hitze frittieren, bis die Schalottenringe goldbraun sind. Mit dem Schaumlöffel herausnehmen und auf Küchenpapier entfetten. Das Schalottenöl nicht wegschütten!

2. Zwischendurch die Eier in kochendem Wasser 10 bis 12 Minuten hart kochen und kalt abschrecken. Den Ingwer schälen und in dünne Scheiben schneiden. Den Knoblauch schälen und fein hacken. Den Schweinebauch in 2 cm breite Streifen und diese in knapp 1 cm dicke Stücke schneiden. Die Shiitake-Pilze ausdrücken und in kleine Würfel schneiden. Das Einweichwasser der Pilze für später aufheben.

3. In einem Wok 1 bis 2 EL Schalottenöl erhitzen. Darin die Fleischstücke bei starker Hitze 6 bis 8 Minuten scharf anbraten. Sie sollen deutlich angeröstet sein (braune Stellen!), nicht nur im eigenen Saft garen. Ingwer, Knoblauch, Kandiszucker, Sternanise, Zimtstange und 5-Gewürze-Pulver dazugeben und kurz mitrösten. Mit dem Einweichwasser der Pilze (den Bodensatz zurückbehalten), dem Reiswein und den beiden Sojasaucen ablöschen. Die gerösteten Schalotten dazugeben (eventuell ein paar für die Garnitur zurückbehalten) und die Temperatur so reduzieren, dass alles im geschlossenen Wok bei schwacher Hitze etwa 1½ Stunden nur leicht vor sich hinköchelt.

4. Nach 1 Stunde Garzeit die hart gekochten Eier pellen und im Ganzen in die Sauce geben. Das noch sehr suppige Gericht nun die verbleibende Garzeit offen weiterköcheln lassen, bis die Sauce zwar leicht eingedickt, aber immer noch ausreichend davon vorhanden ist (mit Reis schmeckt sie nämlich unwiderstehlich!). Dabei die Eier ab und zu wenden, damit sie sich gleichmäßig dunkel färben.

5. Vor dem Servieren, falls nötig, das überschüssige Öl, das sich auf der Sauce gesammelt hat, mit einem Löffel abschöpfen. Die Sternanise und die Zimtstange entfernen, die Sauce mit Salz würzen. Lu Rou Fan am besten mit Reis servieren.

ZUBEREITUNG: CA. 40 MINUTEN
SCHMOREN: 1½ STUNDEN

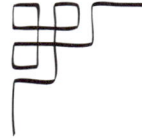

FREESTYLE-SCHWEINERIPPCHEN

── MIT SCHARFER HONIGGLASUR ──

Wer Schweinerippchen liebt, hat in Singapur die Qual der Wahl. Man findet sie gekocht in einer mit Kräutern und Gewürzen aromatisierten Fleischbrühe (Bak Kut Teh), klassisch gegrillt in BBQ-Lokalen mit amerikanischem oder koreanischem Einschlag oder extravagant zubereitet, etwa in einer „Salted Egg Yolk Sauce" oder sogar als „Pork Rib Croissant". Meine Schwäche ist die klebrige Variante, wie man sie häufig in Chinatown bekommt.

FÜR 2—4 PORTIONEN

1 Möhre
1 walnussgroßes Stück Ingwer
2 Schalotten
3—4 Knoblauchzehen
1 kg Schweinerippchen (kleinere Kotelettrippchen oder größere Schälrippchen)
feines Meersalz
2 EL Öl
4 Gewürznelken
3 Sternanise
5 getrocknete Shiitake-Pilze
300—400 ml Gemüse- oder Hühnerbrühe (am besten selbst gemachte, siehe S. 178)
50 ml schwarzer Reisessig (Chinkiang)
2 EL dunkle Sojasauce
2 EL brauner Zucker
1 TL schwarze Pfefferkörner
1—2 TL Maisstärke (nach Belieben)
3 EL Honig
1 EL Chilisauce (z.B. Sriracha)

1. Den Backofen vorheizen: Alles von 100°C bis 150°C ist möglich. Bei 150°C sind die Schweinerippchen bereits nach etwa 2 Stunden fertig und das Fleisch fällt schon fast vom Knochen, bei 100°C sollte man 4 bis 6 Stunden einplanen. Ein Backblech mit Alufolie auslegen. Die Möhre putzen und waschen, den Ingwer waschen und beides in dicke Scheiben schneiden. Die Schalotten und den Knoblauch schälen und grob in Würfel schneiden. Die Schweinerippchen waschen, trocken tupfen und mit Salz würzen.

2. Einen (gusseisernen) Bräter auf dem Herd stark erhitzen. Das Öl dazugeben und darin die Rippchen (falls nötig in mehreren Portionen) rundherum scharf anbraten — nicht zu früh und zu häufig wenden, die Rippchen sollen schön anrösten. Möhre, Ingwer, Schalotten, Knoblauch, Gewürznelken und Sternanise in den Bräter geben und kurz mitrösten. Die Shiitake-Pilze abbrausen und mit der Brühe, dem Essig, der Sojasauce, dem Zucker und den Pfefferkörnern dazugeben. Alles aufkochen und die Schweinerippchen zugedeckt im Ofen auf der mittleren Schiene gar schmoren, dabei jede Stunde wenden.

3. Ist das Fleisch weich, fällt aber gerade noch nicht vom Knochen, den Bräter aus dem Ofen holen. Die Schweinerippchen herausnehmen und vorsichtig auf das vorbereitete Blech legen. Die Ofentemperatur auf 250°C erhöhen, wenn möglich den Backofengrill dazuschalten.

4. Die Sauce durch ein feines Sieb gießen und zurück in den Bräter geben. Hat sich viel Fett auf der Sauce abgesetzt, dieses mit einem Löffel abschöpfen. Von der Sauce 3 EL abnehmen, in eine kleine Schüssel geben und beiseitestellen. Die Sauce im Bräter offen bei starker Hitze etwa um ein Drittel einkochen lassen, das dauert 7 bis 10 Minuten. Wem die Sauce noch zu dünn ist, der verrührt die Stärke mit wenig kaltem Wasser und dickt die kochende Sauce damit an.

5. Gegen Ende der Einkochzeit die abgenommene Sauce mit dem Honig und der Chilisauce zu einer Glasur verrühren. Die Rippchen rundherum mit der Glasur einpinseln und im Ofen (oberes Drittel) 4 bis 6 Minuten „anknuspern", aber nicht verbrennen lassen. Die Schweinerippchen herausnehmen, mit der Sauce überziehen und sofort servieren.

ZUBEREITUNG: CA. 40 MINUTEN
GAREN: 2—6 STUNDEN (JE NACH OFENTEMPERATUR)

BEEF REDANG

— GESCHMORTES RINDERCURRY MIT KOKOS —

Beef Redang zeigt, wie schwierig es oft ist, einem Rezept auf den Grund zu gehen. Während das traditionelle, eher trockene Gericht indonesischer Herkunft ist, wird die mindestens ebenso populäre Weiterentwicklung in Malaysia mit deutlich mehr Sauce zubereitet. Und auch bei den Gewürzen gibt es kaum ein Richtig oder Falsch. Essenziell dagegen sind geröstete Kokosraspel, Kokosmilch, die scharfe Gewürzpaste und eine säuerliche Note.

FÜR 4 PORTIONEN

FÜR DAS CURRY:

50 g Kokosraspel
1 kg Rindfleisch zum Schmoren
(z.B. Short Ribs, Schulter, Nacken,
Oberschale; ohne Knochen)
3–4 EL Öl (sehr gut: Kokosöl)
2 Stängel Zitronengras
1 Zimtstange
3–4 Gewürznelken
500 g Kokosmilch
4 Kaffir-Limettenblätter
2 EL Tamarindenmark
1 EL Palmzucker (z.B. Gula Melaka)
feines Meersalz

FÜR DIE GEWÜRZPASTE:

4 Schalotten
4 Knoblauchzehen
je 1 walnussgroßes Stück Ingwer und
Galgant (ersatzweise mehr Ingwer)
1 TL Chiliflakes
1–2 EL Öl
je ½ TL gemahlene Kurkuma, Korian-
der- und Kardamompulver
1 TL gemahlener Kreuzkümmel

AUSSERDEM:

Korianderblättchen
zum Bestreuen

1. Für das Curry die Kokosraspel in einer Pfanne bei mittlerer Hitze goldbraun rösten und in den Mörser oder Blitzhacker geben. Die Raspel 5 bis 8 Minuten bearbeiten — also im Mörser mit dem Stößel kräftig stampfen oder im Blitzha-cker hacken —, bis eine ölige Paste, genannt Kerisik, entsteht. Dabei ist Geduld gefragt, denn am Anfang sieht es nicht danach aus, als ob eine Paste entsteht. Das Rindfleisch in etwa 3 cm große Würfel schneiden.

2. Für die Gewürzpaste Schalotten, Knoblauch, Ingwer und Galgant schälen und in grobe Stücke schneiden. Mit den Chiliflakes im Blitzhacker zu einer feinen Paste zerkleinern. Dabei die Seiten des Behälters, falls nötig, immer wieder mit einem Spatel abkratzen. Zum Schluss das Öl und die Gewürze kurz untermixen.

3. In einem großen Schmortopf das Öl erhitzen. Darin (portionsweise) die Rind-fleischwürfel 6 bis 10 Minuten bei starker Hitze scharf anbraten. Dabei der Versuchung widerstehen, zu früh und zu viel umzurühren, da sich sonst kaum Röststoffe entwickeln. Das Fleisch in eine Schüssel geben.

4. Das Zitronengras waschen, putzen und die dicken Enden mit dem Stößel oder einem schweren Messer anquetschen. Mit Gewürzpaste sowie Zimtstange und Gewürznelken in den Topf geben und im dort verbliebenen Öl 2 bis 3 Minuten anrösten, bis es duftet. Das Fleisch dazugeben und mit der Kokosmilch und 300 bis 400 ml Wasser aufgießen. Den Deckel schräg auflegen und die Hitze so reduzieren, dass die Sauce nur sanft köchelt und minimal (!) Blasen wirft. Das Rindercurry 1 bis 1½ Stunden schmoren, dabei gelegentlich umrühren.

5. Nun die Kokospaste, die Kaffir-Limettenblätter, das Tamarindenmark und den Palmzucker in den Topf geben und das Curry weitere 1 bis 1½ Stunden schmoren — aber jetzt ohne Deckel. Während dieser Zeit wird das Curry immer trockener, erscheint öliger und erfordert regelmäßiges Umrühren, damit es nicht anbrennt. Das Curry mit Salz würzen, wer mag, entfernt Zimtstange & Co. Das Beef Redang mit Korianderblättchen bestreut servieren — am besten mit Reis.

ZUBEREITUNG: CA. 45 MINUTEN
SCHMOREN: CA. 3 STUNDEN

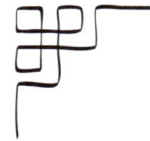

SPICY WANTAN BOWL

— MIT ERDNUSSKICK —

Hat man erst mal raus, welche Konsistenz die Wantan-Füllung haben sollte, kann man sich ans Experimentieren mit verschiedenen Fleischsorten und Gemüsen machen. Dabei aber immer darauf achten, dass es einen ausgewogenen Mix an unterschiedlichen Geschmacksnoten und Texturen ergibt. Und nur nicht zu zaghaft würzen!

FÜR 4 PORTIONEN

FÜR DIE WANTAN:

3 getrocknete Shiitake-Pilze
35—45 TK-Wantan-Teigblätter
(10 × 10 cm, zum Dämpfen)
100 g Chinakohl
feines Meersalz · 1 kleine Möhre
3—4 Frühlingszwiebeln
1 walnussgroßes Stück Ingwer
2 Knoblauchzehen
200 g Rinderhackfleisch
1 EL Hoisin-Sauce
1 EL Reiswein (z.B. Shaoxing)
1 EL Sesamöl · 1 TL Maisstärke
¼ TL Pfeffer aus der Mühle
1 Eiweiß

FÜR DIE SAUCE:

75 g Erdnussbutter (mit oder
ohne Stückchen)
2—3 EL Chiliöl (am besten selbst
gemachtes, siehe S. 164)
1½ EL Sesamöl · 2—3 TL helle
Sojasauce · ½—1 TL Zucker

AUSSERDEM:

ein paar Chinakohlblätter
großer Bambuskorb und passender
Topf zum Dämpfen
fein gehackte Erdnüsse · Koriandergrün · frittierte Zwiebeln (Asienladen)
und Chiliöl zum Servieren

1. Für die Wantan die Shiitake-Pilze in einer Schüssel mit ¼ l kochend heißem Wasser übergießen und mindestens 30 Minuten einweichen. Die Teigblätter in der Verpackung auftauen lassen. Den Kohl putzen, in feine Streifen schneiden, in einem Sieb mit Salz bestreuen und kurz durchkneten. Den Kohl 5 Minuten ziehen lassen, abbrausen, ausdrücken und grob hacken. Die Möhre putzen, schälen und fein reiben.

2. Die Frühlingszwiebeln putzen und waschen, den Ingwer und Knoblauch schälen, die Shiitake-Pilze ausdrücken (das Einweichwasser unbedingt aufheben, es wird noch gebraucht). Alles in grobe Stücke schneiden und im Blitzhacker fein zerkleinern, dabei bei Bedarf 1 bis 2 EL Einweichwasser dazugeben.

3. Die Pilzmasse mit Kohl, Möhre, Hackfleisch, Hoisin-Sauce, Reiswein, Sesamöl, Maisstärke, ½ TL Salz und Pfeffer gründlich verrühren, sodass die Mischung eine sehr gute Bindung bekommt. Nun esslöffelweise (!) so viel Einweichwasser unterrühren, bis die Füllung zwar saftig ist, sich aber keine Flüssigkeit absetzt.

4. Auf der Arbeitsfläche 3 bis 4 Teigblätter auslegen und je 1 guten TL Füllung in die Mitte geben. Die Teigränder mit Eiweiß einpinseln, dann die vier Ecken nach oben zusammennehmen und direkt über der Füllung zusammendrücken, damit keine Luft eingeschlossen wird. Fertige Wantan auf Backpapier ablegen und abdecken, damit sie nicht austrocknen. Die anderen Teigblätter ebenso füllen.

5. Die Kohlblätter in den Bambuskorb legen und die Wantan darauf verteilen. Den Korb in einen passenden Topf setzen, der mit etwas Wasser gefüllt ist. Aufkochen und die Wantan im geschlossenen Topf 8 bis 10 Minuten dämpfen. Inzwischen für die Sauce alle Zutaten mit 3 bis 4 EL Einweichwasser (möglichst noch heiß) in eine Schüssel geben und glatt verrühren. Bei Bedarf esslöffelweise so viel Einweichwasser unterrühren, bis die Konsistenz dickflüssig ist. Mit Sojasauce und Zucker abschmecken.

6. Die fertigen Wantan auf vier Schüsseln verteilen, mit der Erdnusssauce beträufeln und behutsam vermengen. Mit Erdnüssen, Koriander und frittierten Zwiebeln bestreuen und servieren. Wer mag, gibt noch etwas Chiliöl darüber.

ZUBEREITUNG: CA. 1½ STUNDEN

SÜSSES
& GEBACKENES

FRÜHSTÜCKSPARFAIT

— MIT GULA-MELAKA-SIRUP UND PFANNENGRANOLA —

Neben einem schier unerschöpflichen Hawker-Angebot findet man in Singapur auch viele moderne Cafés, die jedes Frühstücksverlangen stillen können, ganz egal, ob es gesund, deftig, trendbewusst oder international sein soll. Abgeguckt habe ich mir ausgefallene Frühstücksparfaits — eine in Gläser geschichtete Joghurt-Granola-Mischung mit frischen Früchten. Die Süße kommt von einem selbst gemachten Sirup aus dunklem, leicht bitterem Gula Melaka (malaysischer Kokospalmzucker) und harmoniert unheimlich gut mit Jackfrucht und Litschi.

FÜR 4 PORTIONEN

FÜR DAS GRANOLA:

50 g gemischte Nusskerne
(z.B. Walnusskerne, Mandeln,
Pekannusskerne, Cashewkerne)
40 g Trockenfrüchte (z.B. Sultaninen,
Cranberrys, Ananas, Papaya)
1 EL Kokosöl
40 g 5-Korn-Flocken (ersatzweise
kernige Haferflocken)
1 TL (Zimt-)Zucker
2 EL Kokosraspel oder -chips
2—3 EL gepuffter Amaranth
oder Reis (nach Belieben)
feines Meersalz

FÜR DEN SIRUP:

50 g gepresster, dunkler
Palmzucker (Gula Melaka)
2 TL Butter

AUSSERDEM:

8—10 Litschis
100 g Jackfrucht
600 g griechischer Joghurt

1. Für das Granola die Nusskerne und die Trockenfrüchte klein hacken. Das Kokosöl in einer Pfanne erhitzen. Darin die Nüsse und die Trockenfrüchte mit den 5-Korn-Flocken, (Zimt-)Zucker, Kokosraspeln oder -chips, dem gepufften Amaranth oder Reis und 2 Prisen Salz gut vermischen. Alles bei maximal mittlerer Hitze anrösten, bis Nüsse und Flocken zu duften beginnen und eine goldbraune Farbe annehmen (nicht zu dunkel werden lassen, sonst schmeckt das Granola bitter!). Zum Auskühlen in eine Schüssel geben, da es in der Pfanne nachbräunen würde.

2. Für den Sirup den Palmzucker fein hacken und mit 50 ml Wasser in einen kleinen Topf geben, aufkochen. So lange kochen lassen, bis sich der Zucker aufgelöst hat. Die Butter dazugeben und aufschäumen lassen. Den Topf vom Herd nehmen und den Sirup auskühlen lassen.

3. Die Litschis und die Jackfrucht schälen und von den Kernen befreien. Das Fruchtfleisch in kleine Würfel schneiden. Den Joghurt glatt rühren und abwechselnd mit den Früchten, dem Gula-Melaka-Sirup und dem Granola in dekorative Gläschen schichten. Das Parfait sofort servieren.

MEIN TIPP: Ausgekühlt und in einem Twist-off-Glas luftdicht verschlossen, kann man das Granola an einem dunklen, kühlen Ort bis zu 2 Wochen aufbewahren. Der Sirup hält sich im Kühlschrank mehrere Tage, dickt aber merklich ein und man muss ihn eventuell kurz erhitzen, um seine flüssige Konsistenz zurückzuerlangen. Wer mag, kann vor dem Einschichten etwas Sirup an der Innenseite der Gläschen herunterlaufen lassen, dann sehen die Parfaits besonders dekorativ aus.

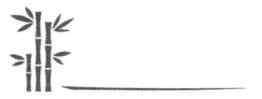

ZUBEREITUNG: CA. 30 MINUTEN

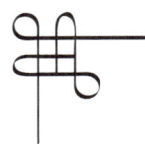

TEH TARIK CRÈME BRULÉE

─── SAHNIGE CREME MIT SCHWARZTEEKICK ───

Wem Teh Tarik nichts sagt: Ein nicht nur in Singapur überaus beliebter oranger bis karamellfarbener Schwarztee, der mit gezuckerter Kondensmilch abgeschmeckt wird. Dabei ist der Name Teh Tarik – übersetzt „gezogener Tee" – Programm. Der gesüßte Schwarztee wird schwungvoll mit möglichst großem Abstand zwischen zwei Gefäßen hin- und hergegossen, bis er schäumt und die richtige Trinktemperatur hat.

FÜR 4–6 PORTIONEN

375 g Sahne
70 g gezuckerte Kondensmilch
feines Meersalz
4 Teebeutel Schwarztee
(siehe Tipp)
4 Eigelb (M oder L)
30–40 g Zucker

AUSSERDEM:

4–6 Förmchen für Crème brulée
Flambierbrenner

1. Die Sahne mit Kondensmilch und 1 Prise Salz in einem kleinen Topf verrühren und aufkochen. Den Topf vom Herd nehmen, die Teebeutel hineinhängen und in der Sahne — je nach gewünschter Intensität — 5 bis 10 Minuten ziehen lassen. Der Ziehvorgang lässt sich beschleunigen, indem man die Beutel in der Sahne hin- und herzieht und ab und zu behutsam mit einem Löffelrücken ausdrückt (dabei aber nicht beschädigen!). Sobald die Sahne das passende Teearoma hat (intensiv, aber noch nicht bitter), die Beutel gut ausdrücken und entsorgen.

2. Den Backofen auf 150 °C vorheizen. Eine Auflaufform (mit hohen Rändern) mit Küchenpapier auslegen und die Förmchen hineinstellen. Die Eigelbe in einer Schüssel verrühren, dann die nicht mehr ganz heiße Teesahne langsam unterrühren. Dabei so wenig Luft wie möglich einrühren, damit die Oberfläche der Creme beim Garen schön glatt bleibt.

3. Die Eiersahne durch ein feines Sieb gießen und auf die Förmchen verteilen. Die Auflaufform vorsichtig auf der mittleren Schiene in den Ofen schieben und mit so viel Wasser befüllen, dass die Förmchen mindestens zwei Drittel hoch im Wasser stehen. Die Crème brulée garen, bis sie bei behutsamen Anstupsen nur noch in der Mitte leicht wackelt — das kann 25 bis 40 Minuten dauern (je nachdem welche Größe die Förmchen haben und ob man heißes oder kaltes Wasser in die Auflaufform gegossen hat).

4. Die Förmchen aus dem Wasserbad heben und abgedeckt im Kühlschrank mindestens 4 Stunden fest werden lassen. Erst direkt vor dem Servieren mit dem Zucker bestreuen und diesen mit dem Flambierbrenner karamellisieren.

MEIN TIPP: Wer nun Lust auf klassischen Teh Tarik bekommen hat, der erhält den richtigen Tee dafür oft im Asienladen. Sonst kann man auch auf Lipton „Yellow Label Tee" oder kräftigen Assam-Tee zurückgreifen. Zubereitungs-Faustregel: 1 Teebeutel mit 200 bis 250 ml kochend heißem Wasser aufgießen, 2 bis 3 Minuten ziehen lassen und mit 2 bis 3 TL gezuckerter Kondensmilch abschmecken. Nun den Tee zwischen zwei Gefäßen hin- und hergießen — am besten schwungvoll und mit möglichst großem Abstand —, um ihn dann mit dem entstandenen Schaum sofort zu trinken. Schmeckt aber auch als Eistee!

ZUBEREITUNG: CA. 20 MINUTEN
GAREN: 25–45 MINUTEN
KÜHLEN: 4 STUNDEN

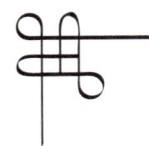

KHEER

— INDISCHER MILCHREIS MIT GEWÜRZNÜSSEN —

Gibt es etwas Schlimmeres als Milchreis, der viel zu fest geworden ist? Diese Gefahr besteht bei Kheer nicht!
Das himmlisch nach Gewürzen duftende Dessert hat eine fast suppige Konsistenz.

FÜR 4 PORTIONEN

FÜR DEN MILCHREIS:

40 g Jasminreis (ersatzweise
Basmatireis)
2 EL Butter
¼ TL Kardamompulver
5–7 Safranfäden (nach Belieben)
frisch geriebene Muskatnuss
1 l Vollmilch (3,5 % Fett)
25 g gemischte Nusskerne
(z.B. Mandeln, Cashewkerne)
3 EL gezuckerte Kondensmilch
(mehr nach Geschmack)
feines Meersalz

FÜR DIE GEWÜRZNÜSSE:

50 g Nusskerne-Mix (z.B. Mandeln,
Cashewkerne, Walnüsse, Pistazien)
25 g Trockenfrüchte (z.B. Sultaninen
und Cranberrys, nach Belieben)
1 EL Butter
¼ TL Zimtpulver

AUSSERDEM:

ein paar essbare Rosenblütenblätter
für die Garnitur (nach Belieben)

1. Für den Milchreis den Jasminreis mehrfach in einer Schüssel mit Wasser waschen und in einem Sieb abtropfen lassen. Die Butter in einem großen Topf schmelzen. Darin das Kardamompulver, die Safranfäden (wer mag), 2 bis 3 Prisen Muskatnuss und den Reis bei mittlerer Hitze 3 bis 4 Minuten andünsten, bis die Gewürze duften und die Butter gerade beginnt, minimal zu bräunen.

2. Die Milch in den Topf gießen und bei schwacher Hitze 45 bis 60 Minuten mindestens um ein Drittel sanft einköcheln lassen. Der Milchreis muss dabei regelmäßig umgerührt werden, damit nichts anbrennt. Auch die Ränder des Topfes am besten immer wieder mit einem Teigschaber sauber abstreichen.

3. Nach etwa 30 Minuten Garzeit die Nusskerne nach Belieben fein oder grob hacken und unter den Milchreis mischen. Kurz vor Garzeitende die gezuckerte Kondensmilch und 1 Prise Salz unterrühren.

4. Für die Gewürznüsse die Nusskerne und eventuell die Trockenfrüchte grob hacken. Die Butter in einer kleinen Pfanne zerlassen. Das Zimtpulver, die Nüsse und, falls verwendet, auch die Trockenfrüchte in die Pfanne geben und alles 2 bis 3 Minuten anrösten. Vom Herd nehmen.

5. Den Milchreis auf Dessertschälchen, Gläser oder Tassen verteilen und mit den Gewürznüssen bestreuen. Wer mag, dekoriert das Dessert — ganz stilecht — auch mit Rosenblütenblättern. Kheer schmeckt heiß, lauwarm oder kalt (im Kühlschrank 2 bis 3 Tage haltbar, der Milchreis dickt dort noch einmal merklich ein).

MEIN TIPP: Das ist ein Rezept zum Austoben! Die Gewürze lassen sich nach persönlicher Vorliebe anpassen, die Milch kann man zum Teil durch Kokosmilch ersetzen oder mit ein paar Tropfen Rosenwasser aromatisieren.

ZUBEREITUNG: CA. 25 MINUTEN
GAREN: 1 STUNDE

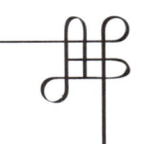

MANGO-SAGO

— MIT POMELO —

Manchmal sind es nur Zufälle, die entscheiden, wie schnell man eine neue Stadt in sein Herz schließt.
An meinem allerersten Abend in Singapur zogen wir recht planlos durch die Nachbarschaft des Hotels und
strandeten schließlich in der vor Menschen nur so brummenden Liang Seah Street. Grill- und Hotpot-Restaurants
säumten die Straße, aber meine Neugierde wurde von einem Lokal namens „Ah Chew" geweckt, das ausschließlich Desserts anbot. Natürlich reihten wir uns direkt in die Schlange der Wartenden ein und machten uns —
nach einer rätselhaften Tischvergabe und einem umständlichen Bestell-Zahl-Vorgang — zu zweit über vier
typisch asiatische Süßspeisen her. Darunter war auch dieses Mango-Sago mit Pomelo, welches zehn Jahre später
noch immer zu meinen absoluten Singapurer Lieblingsdesserts gehört.

FÜR 4–8 PORTIONEN

50 g Sagoperlen
400 g Mangopüree
(aus der Dose)
2 faserfreie, vollreife Mangos
(am besten Flugware)
¼ Pomelo
300–500 g Kondensmilch,
Vollmilch (3,5 % Fett) und/oder
Kokosmilch

1. In einem kleinen Topf mindestens ½ l Wasser aufkochen. Die Sagoperlen
dazugeben und 1 Minute köcheln lassen, den Herd ausschalten und das Sago
auf der Platte zugedeckt weitere 14 bis 18 Minuten ziehen lassen. Es ist fertig,
wenn in jeder Perle nur noch winzige weiße Punkte zu erkennen sind.

2. Das Sago in ein Sieb abgießen, mit kaltem Wasser sorgfältig abbrausen und
gut abtropfen lassen. Mit dem Mangopüree verrühren, in einen verschließbaren
Behälter füllen und mindestens 4 Stunden in den Kühlschrank stellen. Dort wird
das Mango-Sago ähnlich fest wie Wackelpudding.

3. Die Mangos schälen, das Fruchtfleisch auf den flachen Seiten vom Stein
schneiden und in mundgerechte Stücke schneiden. Die Pomelo von der dicken
Schale samt der weißen Haut befreien. Die Fruchtsegmente herauslösen und die
Häute entfernen. Die Pomelo in kleine Stücke zupfen.

4. Je nach gewünschter Konsistenz das Mango-Sago mit so viel Kondensmilch,
Vollmilch oder Kokosmilch (oder einer Mischung aus allen Milchsorten) verrühren,
dass es entweder einem Püree oder eher einer Suppe ähnelt (ich bevorzuge die
suppige Variante). Das Mango-Sago auf Schüsselchen verteilen, mit Mango- und
Pomelostücken garnieren und servieren.

MEIN TIPP: An heißen Sommertagen ist dieses erfrischende Dessert eine
wahre Offenbarung, vorausgesetzt alle Zutaten kommen direkt aus dem
Kühlschrank. Notfalls schmuggelt man 1 Eiswürfel in jedes Schüsselchen. Wer
Lust auf mehr hat, serviert noch Vanille- oder Kokoseis dazu.

ZUBEREITUNG: CA. 30 MINUTEN
KÜHLEN: 4 STUNDEN

RED RUBIES

—— IN KALTER KOKOSMILCH ——

Man muss schon ein wenig suchen, um Red Rubies in einem Hawker Centre zu entdecken, aber im „Old Airport" wurde ich fündig. Zusammen mit je einem Becher Tau Huay (seidiger Tofu-Pudding) und Bandung (knallpinke Milch mit Rosensirup) probierte ich die Edelsteine (Rubies). Das Urteil war schnell gefällt: Die knackigen Wasserkastanien in süßer Kokosmilch lagen meilenweit vorne. Grund war die ungewöhnliche, faszinierde Konsistenz der Kastanien, geschmacklich waren sie nicht ganz so aufregend.

FÜR 4 PORTIONEN

FÜR DIE KOKOSMILCH:

½ Vanilleschote
250 g Kokosmilch
200 ml Vollmilch (3,5 % Fett)
80—100 g gezuckerte Kondensmilch

FÜR DIE RUBIES:

200 g geschälte Wasserkastanien (aus der Dose, ganz oder in Scheiben)
rote Lebensmittelfarbe (flüssig oder pulverisiert)
100 g Tapiokastärke

1. Für die Kokosmilch die Vanilleschote längs aufschneiden und das Mark mit einem spitzen Messer herauskratzen. Vanillemark und -schote mit Kokosmilch, Vollmilch und Kondensmilch in einen kleinen Topf geben. Alles unter Rühren erhitzen (muss nicht kochen), damit nichts anbrennt, dann den Topf vom Herd ziehen. Die Kokosmilch zuerst abkühlen, anschließend im Kühlschrank sehr kalt werden lassen (braucht 3 bis 4 Stunden).

2. Für die Rubies die Kastanien in kleine Stücke (½ bis 1 cm) schneiden und in eine große Schüssel geben. So viel Lebensmittelfarbe dazutropfen oder -streuen, bis der gewünschte Farbton erreicht ist, dabei die Wasserkastanien immer wieder mal durchmischen. Die Tapiokastärke darüberstreuen und die Schüssel so lange hin- und herrütteln, bis die Kastanien gleichmäßig mit Stärke überzogen sind. Kurz ruhen lassen (etwa 5 Minuten), dann erneut durchrütteln.

3. Einen Topf mit Wasser aufkochen. Die Wasserkastanien in ein großes Sieb geben und behutsam darin schütteln, um überschüssige Stärke zu entfernen. Nun die Kastanien ins kochende Wasser geben und immer wieder umrühren, da sie zum einen gerne am Topfboden, zum anderen auch aneinander kleben bleiben. Rubies 2 bis 3 Minuten leicht köcheln lassen, bis sie an der Oberfläche schwimmen. In ein Sieb abgießen, kalt abbrausen und in eine Schüssel mit kaltem Wasser geben (so kleben sie weniger aneinander).

4. Zum Servieren die Red Rubies wieder in das Sieb abgießen und sehr gut abtropfen lassen, dann auf Gläser oder Schälchen verteilen. Zum Schluss mit der sehr kalten Kokosmilch übergießen.

MEIN TIPP: Anstelle der Vanilleschote kann man auch 1 Pandanblatt klein schneiden und bis zum gewünschten Aroma in der Milch ziehen lassen. Diese dann durch ein Sieb in die Gläser gießen. Die Rubies gibt es übrigens auch in Blau und Grün eingefärbt, aber da das englische „Ruby" schließlich für den rubinroten Edelstein steht, bleibe ich beim appetitlicheren Rot. Und: Sie lassen sich auch gut mit Eiscreme oder Nata de Coco (gelierte Kokossaftwürfel, Asienladen) kombinieren.

ZUBEREITUNG: CA. 30 MINUTEN
KÜHLEN: 4 STUNDEN

SEMIFREDDO

— MIT KARAMELLISIERTER ANANAS UND MACADAMIA-CRUNCH —

Wahrscheinlich habe ich eine Schwäche für asiatische Küche, weil hier viele meiner Lieblingszutaten besonders
häufig vertreten sind, gerade bei Süßem! Sei das nun alles rund um die Kokosnuss, tropische Früchte,
Gula-Melaka-Palmzucker oder Pandanblätter. Deshalb habe ich einem klassischen Semifreddo kurzerhand
einen passenden Anstrich verpasst und könnte über das Ergebnis nicht glücklicher sein.
Nicht verraten, aber ich habe sogar schon mal vor dem Frühstück davon genascht …

FÜR 6–8 PORTIONEN

FÜR DIE ANANAS:
250 g Ananas
1 EL Butter
30 g Palmzucker
¼ TL Zimtpulver
feines Meersalz

FÜR DEN CRUNCH:
50 g Macadamianusskerne
40 g Zucker
feines Meersalz

FÜR DIE CREME:
3 Eigelb (L)
50 g Zucker
feines Meersalz
1 EL Rum
25 g Kokospulver (nach Belieben)
250 g Sahne

AUSSERDEM:
Springform (20 cm Ø)

1. Die Ananas schälen und das harte Mittelstück herausschneiden, das Frucht-fleisch in ½ cm große Würfel schneiden (es sollten 150 g sein). Die Butter in einer Pfanne schmelzen. Den Palmzucker, das Zimtpulver und 1 Prise Salz bei mittlerer Hitze einrühren, bis der Zucker geschmolzen ist. Die Ananas dazugeben und kurz aufschäumen lassen. Bei schwacher Hitze 15 bis 20 Minuten karamellisieren, dabei gelegentlich umrühren. Beiseitestellen und abkühlen lassen.

2. Inzwischen für den Crunch ein Backblech mit Backpapier belegen. Die Maca-damianusskerne grob hacken. Den Zucker in einer Pfanne ohne Rühren erhitzen, bis er vollständig geschmolzen ist und zu bräunen beginnt (keinesfalls zu dunkel werden lassen, sonst schmeckt er bitter). Die Nüsse zügig unter das Karamell mischen und mit 1 Prise Salz würzen. Die Pfanne vom Herd nehmen und die Nussmasse zum Auskühlen auf das Backpapier streichen.

3. Die Springform so mit Frischhaltefolie auslegen, dass diese über den Rand der Form hängt. Für die Creme die Eigelbe mit Zucker und 1 Prise Salz in eine große Metallschüssel geben und über dem heißen Wasserbad 4 bis 5 Minuten cremig aufschlagen. Den Rum und eventuell das Kokospulver dazugeben, die Schüssel in kaltes Wasser setzen und die Creme kalt rühren. Die Sahne steif schlagen und ein Drittel davon unter die zähe Creme rühren. Den Rest vorsichtig unterheben, damit die Creme schön luftig bleibt.

4. Abgekühlte Nussmasse in Stücke brechen und im Blitzhacker fein zerkleinern. Den Macadamia-Crunch gleichmäßig in der Form verteilen und festdrücken. Die Creme vorsichtig darüber verteilen, damit die Nussschicht möglichst geschlossen bleibt. Zum Schluss die Ananasstückchen gleichmäßig auf der Creme verteilen. Das Semifreddo abgedeckt mindestens 4 Stunden ins Tiefkühlfach stellen und gefrieren lassen.

5. Das Semifreddo vor dem Servieren mithilfe der Frischhaltefolie vorsichtig aus der Springform nehmen. Das Semifreddo in kleine Tortenstücke schneiden und auf Desserttellern servieren.

ZUBEREITUNG: CA. 1 STUNDE
TIEFKÜHLEN: 4 STUNDEN

MATCHA-KOKOS-EIS

— AUF FRISCH GEBACKENEN WAFFELN —

Heute mal zu Sunday Folks? Oder doch zu Fatcat? Wild Honey? Creamier? Montana Brew Bar? The Populus?
Steht einem der Sinn nach knusprigen Waffeln, findet man in Singapur ein unendlich großes Angebot.
Seit der Waffles-Ice-Cream-Trend über die Insel geschwappt ist, überbieten sich die Cafés mit ihren verführerischen
Kreationen. Trägt man dann noch der Tatsache Rechnung, dass Desserts mit Matcha eine mindestens ebenso
große Fangemeinde haben, könnte diese Variante kaum typischer für das trendbewusste Singapur sein.

FÜR CA.1L EIS UND 10–12 WAFFELN

FÜR DAS EIS:
4 Eigelb (M oder L)
1½ EL Matcha (Grünteepulver)
300 g Kokosmilch
400 g Sahne
250 g gezuckerte Kondensmilch
100 g weiße Schokolade
(nach Belieben)

FÜR DIE WAFFELN:
75 g Butter
3 Eier (M oder L)
feines Meersalz
50 g Zucker
175 ml Milch
50 g Sahne
225 g Mehl

AUSSERDEM:
Eismaschine
Kokosöl für das Waffeleisen
(bei Bedarf)

1. Am Vortag für das Eis die Eigelbe und das Matchapulver in einer Schüssel verrühren (wird die Paste sehr dick, einfach 1 EL von der Kokosmilch dazugeben). Die Kokosmilch, die Sahne und die Kondensmilch in einem Topf verrühren und erhitzen, bis die Flüssigkeit beinahe kocht, dann vom Herd ziehen.

2. Von der heißen Kokossahne nach und nach 4 bis 5 EL unter die Eigelb-Matcha-Mischung rühren, dann diese unter die heiße Kokossahne rühren. Nun den Topf wieder auf den Herd stellen und die Masse unter ständigem Rühren (am besten mit einem Teigschaber) nur so weit erhitzen, bis sie ein wenig eingedickt ist (Achtung, bei zu viel Hitze und zu wenig Rühren flockt das Ei aus! Optimale Temperatur: 80 bis 84 °C). Die Matcha-Kokos-Masse durch ein feines Sieb in einen verschließbaren Behälter füllen, über Nacht in den Kühlschrank stellen.

3. Am nächsten Tag die eiskalte Matcha-Kokos-Masse in der Eismaschine (Gebrauchsanweisung beachten) zu Eiscreme verarbeiten. Dabei gegen Ende der Zubereitungszeit die Schokolade hacken und mit in die Eismaschine geben. Die fertige Eiscreme in einen verschließbaren Gefrierbehälter füllen und im Tiefkühlfach aufbewahren.

4. Für die Waffeln die Butter schmelzen und kurz abkühlen lassen. Die Eier trennen. Die Eiweiße mit 1 Prise Salz steif schlagen, dabei den Zucker einrieseln lassen. Die Eigelbe mit Milch und Sahne verquirlen, die Butter und das Mehl unterrühren. Ein Drittel des Eischnees unter den Teig rühren, den Rest behutsam unterheben, damit der Teig möglichst luftig und locker bleibt.

5. Das Waffeleisen aufheizen und bei Bedarf mit Kokosöl einfetten. Nach und nach etwas Teig in das Waffeleisen füllen und 2 bis 4 Minuten backen, bis die Waffel goldbraun ist. Fertige Waffeln heiß oder abgekühlt mit je 1 Kugel Matcha-Kokos-Eis servieren. Dazu passen frische Früchte, weiße Schokolade (in Spänen oder geschmolzen), Himbeer-Coulis, Karamellsauce oder Kokoschips.

MEIN TIPP: Von Valrhona gibt es eine karamellisierte weiße Schokolade („Dulcey"), auch eine tolle Kombinationsmöglichkeit zu Matcha!

ZUBEREITUNG: CA.1 STUNDE (PLUS EISHERSTELLUNG IN DER EISMASCHINE)
KÜHLEN: ÜBER NACHT

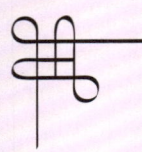
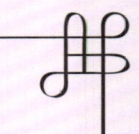

BEST OF HAWKER-FOOD

Wer zum ersten Mal in Singapur landet, der ist kulinarisch oft erst einmal überfordert. Abgesehen von einem überaus reichhaltigen Angebot an Restaurants und Kopitiams (Coffee Shops) gibt es derzeit sagenhafte 114 Hawker Centres (Märkte), die auf der ganzen Insel verteilt sind, und weitere sind schon in Planung. Am besten die genauen Details vor jedem Besuch kurz online recherchieren, da individuelle Standöffnungszeiten oder komplette Schließungen („Spring Cleaning") einem sonst einen Strich durch die Rechnung machen können. Auch wenn ich bei jedem Besuch neue Hawker ausprobiere, zu diesen hier komme ich immer wieder zurück:

AMOY STREET FOOD CENTRE, 7 MAXWELL ROAD

Irrsinnig voll zur Mittagszeit, wenn regelrechte Menschenmassen aus dem Business District zum Essen hereinströmen. Unbedingt die Wandgemälde an den erhöhten Sitzgelegenheiten bestaunen, besonders die Samsui-Lady! Und mindestens Noodles bei Grandma Ban Mee (Stand Nr. 01—07) und Sardine Curry Puffs bei J2 Famous Crispy Curry Puff (Stand Nr. 01—21) probieren.

CHINATOWN COMPLEX FOOD CENTRE, 335 SMITH STREET

Dieses Hawker Centre beherbergt die meisten Stände (mehr als 250) und wirkt immer ein wenig chaotisch. Trotzdem finden sich auch hier echte Highlights, wie die Soup Dumplings, die von einem sympathischen Dreiergespann in atemberaubender Geschwindigkeit von Hand zubereitet werden (Zhong Guo La Mian Xiao Long Bao, Stand Nr. 02—135), oder auch das von Michelin ausgezeichnete Soja Sauce Chicken (Liao Fan Hong Kong Soya Sauce Chicken Rice & Noodles, Stand Nr. 02—127).

CHOMP CHOMP FOOD CENTRE, 20 KENSINGTON PARK ROAD

Eine gute halbe Stunde nördlich des Stadtzentrums gelegen, hat dieses kleinere Hawker Centre nicht nur bei Familien eine immense Fangemeinde. Meist wird es synonym für Sambal Stingray (besonders gut Hai Wei Yuan BBQ, Stand Nr. 01—01), Chicken Wings, Rojak und Carrot Cake genannt. Und seit der Renovierung 2017 ist es endlich nicht mehr so verraucht.

MAXWELL FOOD CENTRE, 1 KADAYANALLUR STREET

Sehr beliebt, auch bei Touristen. Wenn die Schlange für Hainanese Chicken bei Tian Tian (Stand Nr. 01—10/11) am längsten ist, kann man — seit einer ihrer Köche seinen eigenen Stand nebenan aufgemacht hat — den Hähnchenreis guten Gewissens dort essen (Ah Tai, Stand Nr. 01—07). Und auch mal gleich gegenüber das Char Kway Teow probieren, bevor es zu Lim Kee (Stand Nr. 01—61) geht, der besten Banana Fritters wegen. Heiß & fettig!

OLD AIRPORT ROAD FOOD CENTRE, 51 OLD AIRPORT ROAD

Man kann fragen, wen man möchte, das Old Airport zählt eigentlich jeder zu seinen Top 3 Hawker-Centres. Aufgrund der Lage (nordöstlich vom Stadtzentrum) gibt es nur wenige Touristen, aber viele Food-Highlights, wie etwa das Roast Paradise (Stand Nr. 01—121) oder das Freshly Made Chee Cheong Fun (Stand Nr. 01—155).

Außerdem bieten mehrere Stände seltene Desserts wie Red Rubies an.

TEKKA CENTRE, 665 BUFFALO ROAD

Betritt man dieses am Rande des Little-India-Viertels gelegene Hawker Centre, fühlt man sich direkt in ein anderes Land versetzt. Ich kann mich nie entscheiden, ob ich erst etwas Deftiges essen soll oder ob ich über den Wet Market laufen und frische Jackfrucht naschen möchte. Aber spätestens danach gibt es gutes Roti Prata (Prata Saga Sambal Berlada, Stand Nr. 01—258) und die berühmten Whampoa Prawn Noodles bei Stand Nr. 10—326. Wem es nicht zu süß ist, der probiert noch ein paar indische Süßigkeiten, die es hier an diversen Ständen zu kaufen gibt.

TIONG BAHRU MARKET & FOOD CENTRE, 30 SENG POH ROAD

Dieses zweistöckige Marktgebäude, jetzt frisch renoviert, gehört schon immer zu den Lieblingen der Locals. Besonders heiß umschwärmt werden die Chwee Kueh (Jian Bo Shui Kueh, Stand Nr. 02—05), aber auch die Wanton Noodles (Zhong Yu Yuan Wei Wanton Noodle, Stand Nr. 02—30) sind das Anstellen wert. Danach im Erdgeschoss unbedingt noch eine Runde über den Wet Market drehen.

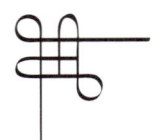

TANG YUAN

— KLEBREISBÄLLCHEN MIT ERDNUSSFÜLLUNG —

Ähnlich wie bei japanischen Mochi ist die knatschige, relativ geschmacksneutrale Hülle aus Klebreismehl der Punkt, an dem sich die Geister scheiden. Entweder man liebt oder man hasst sie! Tang Yuan sind am häufigsten mit Erdnüssen oder schwarzem Sesam gefüllt, wobei die letztere Variante häufig zu einem ähnlichen Lächeln führt wie nach dem Genuss von Mohnkuchen. Ein Grund mehr für die leckere Erdnussfüllung ...

FÜR 14–16 STÜCK

FÜR DIE FÜLLUNG:
25 g Erdnusskerne (ohne Haut)
50 g Erdnussbutter (mit oder ohne Stückchen)
1 EL Kokosöl oder Schweineschmalz
1 EL Kokosblütenzucker (ersatzweise brauner Zucker)

FÜR DEN SIRUP:
30 g gepresster dunkler Palmzucker (Gula Melaka)
1 TL Butter

FÜR DEN TEIG:
125 g Klebreismehl
15 g Tapiokastärke

AUSSERDEM:
25 g Erdnusskerne (ohne Haut) zum Bestreuen

1. Alle Erdnusskerne zusammen fein hacken und in einer Pfanne rösten, bis sie leicht Farbe angenommen haben. Die Hälfte davon fürs Finish beiseitestellen. Den Rest in einer Schüssel kurz abkühlen lassen. Die Erdnussbutter, das Kokosöl oder Schweineschmalz und den Kokosblütenzucker dazugeben. Alles mit einer Gabel zu einer Paste verarbeiten. Von der Füllung mit einem Teelöffel kleine Portionen (5 bis 6 g) abstechen, mit den Fingern so gut es geht rund formen und auf einen Teller setzen. Die Kugeln mindestens 2 Stunden (besser noch länger) im Tiefkühlfach richtig fest werden lassen, sonst wird das Füllen später eine frustrierende Angelegenheit!

2. Für den Sirup den Palmzucker fein hacken. Mit 30 bis 40 ml Wasser und der Butter in einem Topf erhitzen, bis sich der Zucker aufgelöst hat. Warm halten.

3. Für den Teig Klebreismehl und Tapiokastärke in einer Schüssel mischen. Nun zunächst 100 ml lauwarmes Wasser mit einem Löffel einrühren, dann esslöffelweise noch so viel Wasser dazugeben, bis der Teig die Konsistenz von Knetmasse hat und gerade noch nicht klebt (ist der Teig zu feucht geworden, mit Reismehl ausgleichen). Den Teig in 14 bis 16 Portionen (à 15 g) teilen und zu Kugeln formen.

4. Die Teigkugeln nach und nach zwischen den Handballen flach drücken, in der Mitte 1 Erdnusskugel platzieren und die Teigränder darüber sehr gut (sonst läuft die Füllung beim Kochen aus!) verschließen. Während des Formens darauf achten, dass der Teig nicht austrocknet (mit einem feuchten Küchentuch oder Folie abdecken) und die Erdnusskugeln vor dem Füllen nicht antauen lassen.

5. Einen weiten Topf mit Wasser erhitzen und die Bällchen hineingleiten lassen, sobald das Wasser sanft köchelt. Jetzt regelmäßig umrühren und einen Wirbel erzeugen, damit die Bällchen nicht am Boden festkleben. Nach 4 bis 6 Minuten schwimmen sie an der Wasseroberfläche und sind fertig. Mit dem Schaumlöffel herausheben und auf Schälchen verteilen. Etwas warmen Zuckersirup darüberlaufen lassen, mit den übrigen Erdnüssen bestreuen und heiß servieren.

MEIN TIPP: Tang Yuan lassen sich ungekocht sehr gut einfrieren. Für einen Vorrat die doppelte oder dreifache Menge zubereiten und tiefkühlen. Bei Bedarf die gefrorenen Bällchen im simmernden Wasser 6 bis 8 Minuten garen.

ZUBEREITUNG: CA. 45 MINUTEN
TIEFKÜHLEN: 2 STUNDEN

 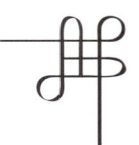

SÜSSKARTOFFELBÄLLCHEN

— INSPIRIERT VON DER MAXWELL-LADY —

Schon am ersten Tag meines Singapur-Aufenthaltes gleich eine riesige Enttäuschung: Der Stand der alten Lady, die die unwiderstehlichste frittierte Versuchung im Maxwell-Centre zubereitete, war geschlossen! Seit ich diese knatschigen Bällchen für mich entdeckt hatte, gab es kaum einen Singapur-Trip ohne regelmäßige Abstecher dorthin. Bei den Nachbarständen erfuhr ich nichts Konkretes, nur dass der Stand schon seit Monaten zu war. Wieder zu Hause blieb mir also gar nichts anderes übrig, als diese Bällchen selbst in Angriff zu nehmen. Nach mehrmaligem Experimentieren mit verschiedenen Mehlen habe ich endlich die Zusammensetzung gefunden, die den knatschigen Maxwell-Bällchen entspricht.

FÜR 35–45 STÜCK

FÜR DEN TEIG:
750 g orange Süßkartoffeln
175 g Tapiokastärke
75 g Klebreismehl
75 g Zucker
1½ TL Backpulver
¼ TL feines Meersalz

FÜR DIE FÜLLUNG:
50 g Kokosraspel
40 g dunkler Palmzucker
(z.B. Gula Melaka)
2 Pandanblätter (ersatzweise
ein paar Tropfen Pandanextrakt)

AUSSERDEM:
großer Bambuskorb und passender
Topf zum Dämpfen
Tapiokastärke zum Arbeiten
1½ l Öl zum Frittieren

1. Für den Teig die Süßkartoffeln schälen und in 3 cm große Würfel schneiden. In dem Bambuskorb verteilen und diesen in den Topf setzen, der mit etwas Wasser gefüllt ist. Aufkochen und die Süßkartoffeln zugedeckt 15 bis 25 Minuten weich dämpfen. Noch heiß durch die Kartoffelpresse in eine Schüssel drücken (es sollte 600 g Süßkartoffelpüree sein) und 1 Stunde ausdampfen lassen.

2. Inzwischen für die Füllung Kokosraspel, Palmzucker und 75 bis 100 ml Wasser in eine Pfanne geben. Die Pandanblätter waschen, verknoten und in die Pfanne geben. Alles langsam unter Rühren erhitzen, bis sich der Zucker vollständig aufgelöst hat. Abkühlen lassen.

3. Ein Backblech mit Backpapier belegen. Übrige Teigzutaten zum Süßkartoffelpüree geben und alles zuerst mit dem Kochlöffel, später vor Hand zu einem glatten Teig verkneten. Ist dieser sehr klebrig, noch etwas Stärke unterarbeiten.

4. Von dem Teig nach und nach etwa walnussgroße Portionen abnehmen (hilfreich ist hierbei ein Eisportionierer mit 4 cm Ø), in der Hand flach drücken und 1 knappen TL Kokosfüllung in die Mitte geben. Die Füllung festdrücken und den Teig darüber schließen. Die Bällchen behutsam zwischen den Händen rund rollen und auf das Blech setzen. Die Hände zwischendurch immer wieder mit wenig Tapiokastärke bestäuben.

5. Das Öl in einem weiten Topf auf 160 bis 170 °C erhitzen. Darin portionsweise nicht zu viele Bällchen gleichzeitig 4 bis 6 Minuten goldbraun frittieren. Die Bällchen dabei ständig in Bewegung halten, damit sie gleichmäßig bräunen und nicht aneinanderkleben oder am Topfboden anhaften. Mit dem Schaumlöffel aus dem Öl heben und auf Küchenpapier entfetten. Heiß oder lauwarm essen.

MEIN TIPP: Ist das Süßkartoffelpüree besonders wässrig, benötigt man dementsprechend mehr Tapiokastärke und Klebreismehl, um den Teig formen zu können. Was auch hilft: Das Püree eine Nacht im Kühlschrank lagern.

ZUBEREITUNG: CA. 1½ STUNDEN
AUSDAMPFEN: 1 STUNDE

PINEAPPLE TARTS

Der Beginn des chinesischen Neujahrsfestes fällt üblicherweise auf den Zeitraum von Ende Januar bis Mitte Februar, das Fest dauert etwa zwei Wochen und signalisiert den Wechsel zu einem anderen Tierkreiszeichen. Es ist die perfekte Ausrede, um mit Freunden und Familie zu schlemmen und sich zu beschenken! Eines der populärsten Präsente sind unterschiedlich geformte Pineapple Tarts, symbolisieren sie doch Wohlstand und Glück fürs neue Jahr. Viele Bäckereien haben sich darauf spezialisiert und verkaufen sie in atemberaubenden Mengen.

FÜR 50–60 STÜCK

FÜR DIE FÜLLUNG:
2 Ananas (à ca. 1,3 kg)
½ Zimtstange
3 Gewürznelken
2 Sternanise
¼ TL feines Meersalz
150 g weißer Zucker
50 g Palmzucker

FÜR DEN TEIG:
400 g Mehl
30 g Maisstärke
50 g Puderzucker
½ TL feines Meersalz
250 g kalte Butter
2 Eigelb (M)
2-4 EL Eiswasser

FÜR DIE GLASUR:
1 Eigelb
2 EL Milch

AUSSERDEM:
Mehl zum Arbeiten

1. Für die Füllung die Ananas sorgfältig schälen, das Fruchtfleisch samt dem harten Strunk grob würfeln (es sollten insgesamt etwa 1½ kg sein) und in der Küchenmaschine pürieren. Das Ananaspüree zusammen mit der Zimtstange, den Gewürznelken, den Sternanisen und dem Salz in einen großen, weiten Topf geben. Das Püree aufkochen und bei schwacher Hitze offen 1 Stunde ganz sanft köcheln lassen, dabei ab und zu umrühren, damit nichts anbrennt.

2. Beide Zuckersorten einrühren und das Püree weitere 1 bis 1½ Stunden unter Rühren einkochen lassen. Dabei nach 30 Minuten die Gewürze entfernen und den Deckel schräg auflegen, da die Masse zu spritzen beginnt. Die Füllung ist fertig, wenn die Fruchtmasse zu einer faserigen, goldbraunen Paste geworden ist (siehe auch Tipps S. 150). Die Ananaspaste offen im Topf abkühlen und abgedeckt 12 Stunden (über Nacht) im Kühlschrank fest werden lassen.

3. Am nächsten Tag von der Paste 50 bis 60 kleine Portionen (etwa ½ TL bzw. 5 bis 6 g) abstechen, zu Kugeln formen und auf einem Brett ablegen. Offen im Tiefkühlfach 12 Stunden (über Nacht) richtig fest werden lassen.

4. Den Mürbeteig herstellen. Am einfachsten und schnellsten geht das in der Küchenmaschine mit dem Messereinsatz (man kann ihn aber natürlich auch von Hand abbröseln): Das Mehl mit der Maisstärke, dem Puderzucker und dem Meersalz kurz durchmixen. Die Butter in kleinen Würfeln dazugeben und in Intervallen unterarbeiten, bis die Butterstücke maximal Erbsengröße haben.

ZUBEREITUNG: CA. 2 STUNDEN
KOCHEN: 2½ STUNDEN
(TIEF-)KÜHLEN: 24 STUNDEN
BACKEN: 15–20 MINUTEN

5. Die Eigelbe kurz untermixen. Zuletzt esslöffelweise so viel Eiswasser untermixen, dass der Teig gerade eine Kugel bildet. Den Teig noch einmal von Hand durchkneten (er sollte kaum kleben, sonst ein wenig Mehl darüberstäuben) und in Frischhaltefolie gewickelt 30 Minuten in den Kühlschrank legen.

6. Den Backofen auf 180°C vorheizen, ein Backblech mit Backpapier belegen. Von dem Teig nach und nach kleine Portionen (14 bis 16 g) abnehmen, in der Hand flach drücken, 1 angefrorene Kugel Ananaspaste in die Mitte setzen und den Teig über der Füllung gut verschließen. Die Teigbällchen mit der Naht nach unten auf das Backblech setzen.

7. Für die Glasur das Eigelb mit der Milch verrühren und die Teigbällchen gleichmäßig damit einpinseln. Im Ofen auf der mittleren Schiene 15 bis 20 Minuten goldbraun backen. Herausnehmen und die Pineapple Tarts auf dem Blech auskühlen lassen, dann in einem luftdicht verschließbaren Behälter aufbewahren. Bei Raumtemperatur hält sich das Gebäck bis zu 1 Woche frisch.

MEINE TIPPS: Ich habe diese Cookies schon ziemlich oft gebacken, und trotzdem bin ich immer wieder überrascht, wie sehr die Kochdauer der Ananaspaste variieren kann. Je nach Flüssigkeitsgehalt der Früchte wird auch schon mal die doppelte Zeit benötigt, bis die Paste so weit einreduziert ist, dass sie sich am nächsten Tag formen lässt. Wer Sorge hat, dass der gesamte Einkochprozess zu lange dauert, kann das Ananaspüree vorher in einem feinen Sieb abtropfen lassen (den Saft auffangen und anderweitig verarbeiten oder trinken) — dann geht das Einkochen deutlich schneller (die Masse brennt aber auch leichter an, also Achtung!).
Die Ananaspaste wird in einer größeren Menge zubereitet, da sich der Aufwand ansonsten nicht rechtfertigen und darüber hinaus die Masse beim Einkochen besonders leicht anbrennen würde. Übrig gebliebene Ananaspaste lässt sich aber vielfältig verwenden: als Brotaufstrich, zum Süßen von Müsli und griechischem Joghurt, zum Füllen von Crêpes, ...

CRAQUELIN CHOUX PUFFS

—— WINDBEUTEL MIT KNUSPERSCHICHT ——

Diese kleinen Naschereien stehen stellvertretend für Singapurs kulinarisches Trendbewusstsein.
Hat ein neuer Food-Stil den kleinen Stadtstaat einmal erfasst, dann begegnet man ihm tatsächlich auf Schritt
und Tritt. In den letzten Jahren geschehen bei der Geschmacksrichtung „salted egg yolk" (gesalzenes Eigelb),
bei ausgefallenen Waffel-Softeis-Kreationen, schwarz eingefärbten Lebensmitteln, Lava-Küchlein in
allen nur erdenklichen Variationen, kunstvollen Galaxy Cakes, ... Auch Eclairs oder Cream Puffs waren plötzlich
überall. Da sich diese leicht nachbacken lassen, sind sie mittlerweile regelmäßiger Gast in meiner Küche.
Den extra Singapur-Anstrich bekommen sie mit einer sagenhaften Füllung aus Passionsfrucht-Curd-Sahne.

FÜR 18—20 STÜCK

FÜR DIE FÜLLUNG:
5—7 Passionsfrüchte (ersatzweise 70 g Passionsfruchtmark
oder -püree)
60 g weißer Zucker (eventuell
1—2 EL mehr für die Sahne)
1 Eigelb (M oder L)
1 EL Butter
400—500 g Sahne

FÜR DEN CRAQUELIN-TEIG:
50 g zimmerwarme Butter
50 g weißer oder brauner Zucker
60 g Mehl
3—5 Tropfen Lebensmittelfarbe
(nach Belieben)

FÜR DEN CHOUX-PUFF-TEIG:
100 ml Milch
100 g Butter
1 EL weißer Zucker
¼ TL feines Meersalz
125 g Mehl
4 Eier (M)

AUSSERDEM:
Spritzbeutel mit Lochtülle (1 cm Ø)
Kreisausstecher (5—6 cm Ø)

1. Für die Füllung zuerst das Curd herstellen. Dazu die Passionsfrüchte halbieren und das Fruchtfleisch und die Kerne in ein Sieb kratzen und durchpassieren (die Kerne entsorgen). Den Saft abmessen, es sollten 70 ml sein, und mit dem Zucker in einem kleinen Topf erhitzen, bis sich dieser aufgelöst hat. Das Eigelb zuerst in einer kleinen Schüssel mit 2 EL heißem Saft verrühren, dann in den Topf geben und mit dem gesamten Saft verrühren. Den Saft weiter behutsam erhitzen und dabei fortwährend mit einem Teigschaber umrühren, bis er merklich andickt (das dauert etwa 5 Minuten). Vom Herd nehmen und die Butter unterrühren. Das Curd in eine Schüssel umfüllen und abgedeckt in den Kühlschrank stellen.

2. Für den Craquelin-Teig die Butter und den Zucker in eine Schüssel geben und mit einem Teigschaber verrühren. Das Mehl und eventuell die Lebensmittelfarbe einarbeiten, bis sich ein Teigkloß bildet. Den Teig zwischen zwei Bogen Backpapier etwa 2 mm dünn ausrollen und ins Tiefkühlfach legen.

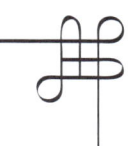

3. Den Backofen auf 200°C vorheizen, ein Backblech mit Backpapier belegen. Für den Choux-Puffs-Teig die Milch mit 100 ml Wasser, der Butter, dem Zucker und Salz in einem Topf aufkochen, bis die Butter geschmolzen ist. Die Hitze etwas reduzieren. Das Mehl auf einmal in den Topf geben und alles mit einem Holzkochlöffel 1 bis 2 Minuten kräftig verrühren, bis sich ein Teigkloß gebildet hat und der Topfboden gleichmäßig von einer weißen Schicht überzogen ist (das wird als „Abbrennen" bezeichnet).

4. Den Topf vom Herd nehmen, den Teig 3 bis 4 Minuten abkühlen lassen und die Eier — eins nach dem anderen — mit dem Kochlöffel unterrühren. Der Teig muss glänzen und schwer vom Löffel fallen.

ZUBEREITUNG: CA. 1½ STUNDEN
BACKEN: CA. 25 MINUTEN

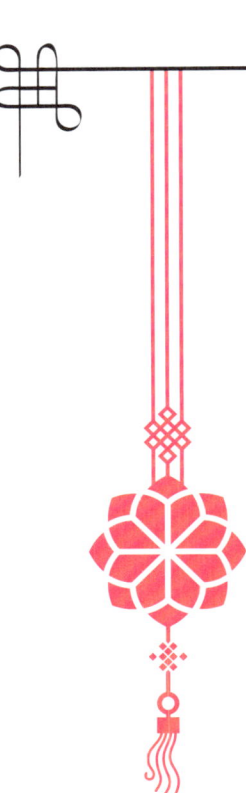

5. Den Choux-Puffs-Teig in den Spritzbeutel füllen und mit ausreichend Abstand in großen Tupfen (etwa 5 bis 6 cm Ø) aufs Blech spritzen. Aus dem tiefgekühlten Craquelin-Teig passend große Kreise ausstechen und auf die Tupfen setzen. Im Ofen auf der mittleren Scheine 24 bis 28 Minuten goldbraun backen, dabei die Ofentür nicht öffnen. Die Craquelin Choux Puffs aus dem Ofen nehmen und auf einem Kuchengitter auskühlen lassen.

6. Für die Füllung die Sahne steif schlagen, dabei eventuell etwas Zucker einrieseln lassen. 4 bis 5 EL Passionsfrucht-Curd (wer es intensiver mag, nimmt mehr; den Rest als Brotaufstrich, zu Eiscreme oder auf Crêpes essen) behutsam unter die Sahne heben. Die Craquelin Choux Puffs mit einem Brotmesser ein-, aber nicht durchschneiden und mit jeweils 1 großen Klecks Passionsfrucht-Curd-Sahne füllen. Wer mag, träufelt zudem noch ein wenig Curd über die Sahne. Die Choux Puffs schmecken ganz frisch einfach unwiderstehlich!

 MEINE TIPPS: Die Craquelin Choux Puffs lassen sich ungefüllt am nächsten Tag problemlos im Ofen aufbacken, 3 bis 4 Minuten bei 120 °C genügen. Anschließend auskühlen lassen und wie beschrieben füllen.
Für die Füllung gibt es unendlich viele Varianten, von leicht gesüßter oder mit Marmelade aromatisierter Sahne, über Puddingcremes bis hin zu Eiscreme in jeder nur erdenklichen Geschmacksrichtung — alles ist möglich.

CHIFFON CAKE

— MIT PANDANBLÄTTERN —

Dieser luftige Pandan-Kuchen, den es meist stückchenweise in Folie verpackt zu kaufen gibt, ist in Singapur allgegenwärtig, keine Bäckerei kommt ohne ihn aus. Dabei variieren die Grün-Schattierungen von Lindgrün bis zu leuchtendem Giftgrün (oft ein Indiz für künstliche Zusätze). Wer sich jetzt fragt, wie Pandan schmeckt, wird spätestens nach dem Kauf der Blätter ein Aha-Erlebnis haben. Als ich zum ersten Mal die langen, dunkelgrünen Blätter erstanden hatte und am nächsten Morgen in die Küche kam, duftete diese wie ein ganzer Asienladen.

FÜR 1 KUCHEN (12—14 STÜCKE)

75 g Kokosöl
14—18 Pandanblätter
ca. 200 g Kokosmilch
8 Eier (M oder L)
¼ TL feines Meersalz
1 TL Zitronensaft (ersatzweise heller Essig)
175 g Zucker
175 g Mehl
1½ TL Backpulver

AUSSERDEM:

Chiffon-Cake-Backform (nicht
antihaftbeschichtet, 23—25 cm Ø)

1. Den Backofen auf 175°C vorheizen, die Backform bereitstellen — nicht einfetten! Das Kokosöl schmelzen und zum Abkühlen beiseitestellen. Die Pandanblätter abbrausen, trocken tupfen, aufeinanderlegen und mit einer Küchenschere klein schneiden (es sollten 75 g sein). Mit 125 g Kokosmilch in die Küchenmaschine geben und möglichst fein zerkleinern. Die zerhackten Blätter mit der Kokosmilch in ein feines Sieb gießen und mit einem Löffelrücken gut ausdrücken. Es sollten dabei mindestens 60 g grün gefärbte Kokosmilch aufgefangen werden. Mit der übrigen Kokosmilch auf 120 g auffüllen.

2. Die Eier trennen. Die Eiweiße und das Salz mit den Quirlen des Handrührgeräts schaumig schlagen. Den Zitronensaft dazugeben und nach und nach 100 g Zucker langsam einrieseln lassen. So lange weiterschlagen, bis der Eischnee geschmeidige, weiche Spitzen bildet (keinesfalls länger schlagen!).

3. In einer zweiten Schüssel die Eigelbe mit restlichem Zucker 2 bis 3 Minuten hellcremig schlagen, dann das Kokosöl und die Pandan-Kokosmilch unterrühren. Mehl und Backpulver darübersieben und unterrühren, bis der Teig wieder glatt ist. Ein Drittel des Eischnees von Hand mit dem Schneebesen untermengen, den Rest ganz behutsam unterheben (es soll möglichst viel Luft im Teig bleiben). Die Schüssel zweimal auf den Tisch stoßen, damit sich große Luftblasen auflösen.

4. Den Teig in der Backform verteilen und im Ofen auf der zweiten Schiene von unten 45 bis 55 Minuten goldbraun backen (Stäbchenprobe machen). Fertigen Kuchen aus dem Ofen nehmen und sofort umdrehen, sonst sackt er zusammen. Etwa 2 Stunden abkühlen lassen. Erst jetzt kann er aus der Form gelöst werden. Dazu mit einem langen Messer am Formrand (außen und in der Mitte) entlangfahren, bevor man das Mittelteil hochdrückt und den Kuchen auch am Boden der Form mit dem Messer löst. Nun den Kuchen auf eine Kuchenplatte stürzen. Klassisch erhält der Pandan Chiffon Cake keinerlei Verzierung oder Guss.

MEIN TIPP: Ein perfekter Chiffon Cake ist nicht ganz einfach zuzubereiten, da er viel leichter zusammenfällt als andere Kuchen. Deshalb die Schüssel, in der die Eiweiße geschlagen werden, unbedingt fettfrei halten (im Zweifel mit einer Zitronenscheibe einreiben) und den Eischnee besonders behutsam unterheben.

ZUBEREITUNG: CA. 30 MINUTEN
BACKEN: CA. 50 MINUTEN

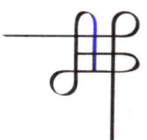

FLOWER BUNS

— MIT KOKOSFÜLLUNG —

Die Vielfalt asiatischer Buns und Milchbrote bringt Hefeteig-Fans wie mich in Verzückung. Schließlich wollen alle probiert werden! Trotzdem habe ich einen unangefochtenen Liebling: Besonders hübsch geformte Buns in Blütenform mit einer saftigen Kokosfüllung. Mein Rezept ergibt ein gutes Dutzend davon, die man am besten frisch isst. Die Flower Buns eignen sich aber auch zum Einfrieren und Aufbacken.

FÜR 14 STÜCK

FÜR DEN TEIG:

250 g Kokosmilch
250 g Mehl (Type 405)
250 g Mehl (Type 550)
100 g Zucker
1 TL feines Meersalz
½ TL Kardamompulver
30 g frische Hefe
1 Ei (M)
50 g Sahne

FÜR DIE FÜLLUNG:

30 g Kokosöl
100 g Kokosraspel
75—100 g Kokosmilch
75 g Zucker
2 Eigelb (M oder L)
¼ TL feines Meersalz

FÜR DIE GLASUR:

1 Eigelb
2 EL Milch

AUSSERDEM:

Mehl zum Arbeiten

1. Für den Teig die Kokosmilch lauwarm erhitzen. Beide Mehlsorten, Zucker, Salz und Kardamom in einer Schüssel mischen, eine Mulde in die Mitte drücken. Die Hefe hineinkrümeln und mit der Hälfte der Kokosmilch übergießen, verrühren und 15 Minuten gehen lassen. Die übrige Kokosmilch, Ei und Sahne dazugeben. Alles mit dem Knethaken der Küchenmaschine mindestens 5 Minuten bei mittlerer Geschwindigkeit kneten. Der Teig ist dann noch klebrig, dafür schmecken die gebackenen Buns auch besonders saftig. Den Teig zugedeckt an einem warmen Ort zu doppelter Größe aufgehen lassen (etwa 1 Stunde).

2. Für die Füllung das Kokosöl schmelzen. Mit Kokosraspeln, Kokosmilch, Zucker, Eigelben und Salz zu einer geschmeidigen Paste verrühren. Für die Glasur das Eigelb mit der Milch verrühren. Das Backblech mit Backpapier belegen.

3. Aus dem Hefeteig die Luft herausdrücken und den Teig mit einer Teigkarte in 14 Portionen (à 70 g) teilen. Jede Teigportion mit bemehlten Händen zu einer Kugel formen und auf einem bemehlten Arbeitsbrett 5 Minuten entspannen lassen. Nacheinander jede Teigkugel flach drücken, etwa 1½ EL Füllung (à 22 bis 24 g) in die Mitte geben und den Teig darüber zusammendrücken. Die Teigkugeln mit der Naht nach unten mit ausreichend Abstand auf das Backblech setzen. Mit der Küchenschere rundherum 6- bis 7-mal 2 cm tief einschneiden, mit etwas Glasur bestreichen und noch mal mindestens 15 Minuten gehen lassen. Inzwischen den Backofen auf 180°C vorheizen.

4. Die Buns im Ofen auf der mittleren Schiene 20 bis 24 Minuten goldbraun backen. Werden sie zu dunkel, zum Schluss mit Backpapier abdecken. Herausnehmen und abkühlen lassen — die Buns noch leicht warm oder kalt genießen.

MILCHBROTE: Den Hefeteig in 6 Portionen (à 160 g) teilen, jeweils zu einem langen Rechteck (28 × 12 cm) ausrollen (bemehlen, wenn nötig!), mit einem Sechstel der Füllung (à 50 g) bestreichen und von der Schmalseite her aufrollen. Je 3 Teigrollen auf der Nahtseite eng nebeneinander in eine gefettete Kastenform (18 × 12 cm) setzen. Die beiden Brote mit der Glasur bepinseln und zugedeckt mindestens 30 Minuten gehen lassen. Im auf 180°C vorgeheizten Ofen auf der mittleren Schiene in 28 bis 32 Minuten goldbraun backen. Die Formen aus dem Ofen nehmen und nach 5 Minuten die Brote aus den Formen stürzen.

ZUBEREITUNG: CA. 50 MINUTEN
RUHEN: 1½ STUNDEN
BACKEN: CA. 20 MINUTEN

BASICS

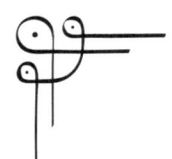

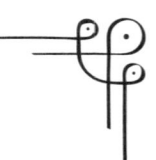

CHILIÖL

Schärfe ist ein Merkmal, das untrennbar mit allen Küchen Asiens verbunden ist. Selbst milde Gerichte wie ein Hainanese Chicken oder eine Pho Bo werden immer mit einer passenden feurigen Sauce serviert. Eine kluge Lösung, denn so bleibt es jedem selbst überlassen, wie „hot" das Essen sein darf. In diesem Chiliöl steckt aber nicht nur Schärfe. Alle erdenklichen gerösteten Gewürze sorgen für ein unglaublich komplexes Aroma. Meine Extra-Geheimzutat: frittierte Zwiebeln aus dem Asienladen.

FÜR 1 EINMACHGLAS (CA. 400 ML)

2–3 Knoblauchzehen
1 walnussgroßes Stück Ingwer
1 EL helle Sesamsamen
1 TL Szechuan-Pfefferkörner
1 Zimtstange (5–6 cm)
3 Sternanise
2 Gewürznelken
¼ l Erdnussöl
2 Lorbeerblätter
25 g frittierte Zwiebeln (Asienladen)
1 EL scharfe Chiliflakes
1 EL koreanische Chiliflakes (Gochugaru)

1. Den Knoblauch und den Ingwer schälen und in dünne Scheiben schneiden. Sesamsamen, Szechuan-Pfefferkörner, Zimtstange, Sternanise und die Gewürznelken in einem kleinen Topf kurz anrösten, bis die Gewürze zu duften beginnen. Der Sesam soll dabei allerdings noch nicht bräunen.

2. Das Erdnussöl mit den Lorbeerblättern, Knoblauch- und Ingwerscheiben in den Topf geben und alles nur so weit erhitzen, dass das Öl Bläschen bildet. Dann den Topf vom Herd nehmen. Der Knoblauch und die Sesamsamen dürfen zwar bräunen, aber keinesfalls dunkel werden, sonst bekommt das Öl eine unangenehm bittere Note. Den Gewürzöl-Ansatz 15 bis 30 Minuten ruhen und Aroma annehmen lassen.

3. Die frittierten Zwiebeln und die beiden Chiliflakes-Sorten in das gründlich gereinigte Einmachglas geben. Den Gewürzöl-Ansatz durch ein feines Sieb in das Glas gießen, die Gewürze mit einem Löffelrücken ausdrücken und entsorgen. Das Glas fest verschließen und mehrfach wenden, bis sich der Inhalt gut vermischt hat, anschließend das Öl abkühlen lassen. Im Kühlschrank hält sich das Chiliöl mehrere Wochen — wenn es nicht schon vorher aufgegessen wird!

MEIN TIPP: Je nachdem wozu man das Chiliöl verwendet, nimmt man nur ein wenig vom tiefrot gefärbten Öl oder auch noch — für zusätzlichen Crunch — von den Chiliflakes und den Zwiebeln, die sich am Glasboden abgesetzt haben. Aber Achtung: Dieses Öl ist wirklich scharf, also erst einmal vorsichtig herantasten!

ZUBEREITUNG: CA. 30 MINUTEN
RUHEN: 30 MINUTEN

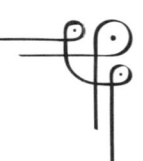

SAMBAL TUMIS BELACHAN

—— FEURIGE CHILI-WÜRZSAUCE ——

Über das Thema „Sambal" könnte man wohl ein ganzes Buch schreiben. Diese in Asien zu fast jedem Essen gereichten Saucen können aus einem guten Gericht ein fantastisches machen. Schärfe sollte man allerdings schon mögen! Und wegen dieser auch Vorbeugemaßnahmen ergreifen: Hat man über 40 Chilischoten entkernt, so brennen selbst nach mehrmaligem, gründlichem Händewaschen noch die Augen, wenn man sie Stunden später versehentlich berührt. Also beim Arbeiten auf Küchenhandschuhe zurückgreifen!

FÜR 1 EINMACHGLAS (CA. 250 ML)

30—40 getrocknete große Chilischoten
2 frische große rote Chilischoten
5—7 Schalotten
3 Knoblauchzehen
25 g Tamarindenmark
2 TL malaysische Garnelenpaste (Belachan, im Block)
75—100 ml Öl
25 g Palmzucker
½ TL feines Meersalz

AUSSERDEM:

Öl zum Konservieren

1. Die getrockneten Chilischoten entkernen. Dazu die Schoten mit einer Küchenschere längs aufschneiden und die Samen herauskratzen. Die entkernten Schoten (es sollten 20 g sein) in eine Schüssel geben und mit kochend heißem Wasser übergießen. Die Schoten mindestens 15 Minuten einweichen, länger ist überhaupt kein Problem. Die frischen Chilischoten längs halbieren, entkernen, waschen und grob zerkleinern (es sollten 25 g sein).

2. Die Schalotten schälen und grob zerkleinern (es sollten 150 g sein), den Knoblauch schälen und grob hacken. Das Tamarindenmark in einer Schüssel mit 50 ml kochend heißem Wasser übergießen und mit einem Löffel etwas zerdrücken. Das Tamarindenmark mindestens 15 Minuten einweichen und weich werden lassen. Die Garnelenpaste zerkrümeln oder hacken.

3. Eingeweichte Chilis gut ausdrücken (es sollten jetzt 60 g sein) und zusammen mit den frischen Chilis sowie den Schalotten, dem Knoblauch und den Belachankrümeln im Blitzhacker zu einer feinen Paste verarbeiten. Diese mit dem Öl in eine Pfanne geben und bei mittlerer Hitze 10 bis 15 Minuten dunkel anrösten.

4. Das aufgeweichte Tamarindenmark samt Einweichwasser durch ein feines Metallsieb drücken. 2 bis 3 EL Tamarinde mit Palmzucker und Salz in die Pfanne geben. Das Sambal weitere 5 bis 10 Minuten anrösten, sofort in das gründlich gereinigte Glas füllen und gut verschließen. Im Kühlschrank hält sich das Sambal mehrere Wochen. Nach der Entnahme am besten immer mit einer konservierenden Ölschicht abdecken.

MEIN TIPP: Jede Familie schwört auf ihr ureigenes Geheimrezept — deshalb gibt es unzählige Sambal-Varianten mit zusätzlich Zitronengras, Kemirinüssen, Galgant, Zwiebeln, Ikan Bilis und und und ... Probieren Sie aus, was Sie anlacht!

ZUBEREITUNG: CA. 50 MINUTEN

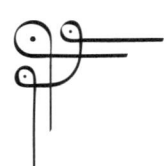

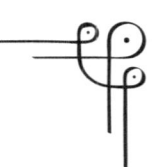

REISNUDELN

— SELBST GEMACHT —

Allseits bekannt sind die getrockneten Bandnudeln aus Reismehl, die es in jedem Asienladen in verschiedenen Breiten zu kaufen gibt. Frische Reisnudeln sind dagegen eine völlig andere Hausnummer. Ihre knatschige, leicht zähe Konsistenz passt sensationell zu schnellen Wokgerichten und macht aus einem normalen Stir-Fry etwas ganz Besonderes.

FÜR 2–3 PORTIONEN (CA. 300 G)

100 g Reismehl
40 g Tapiokastärke
¼ TL feines Meersalz

AUSSERDEM:

Form mit ebenem (!) Boden
(muss in den Bambuskorb passen, siehe Tipp)
Öl zum Arbeiten
großer Bambuskorb oder Dämpf-einsatz und passender Topf zum Dämpfen

1. Das Reismehl mit der Tapiokastärke und Salz in einer Schüssel mischen. 120 ml kaltes Wasser dazugießen und alles mit einem Esslöffel zu einer weichen, glatten Paste ohne Klümpchen verarbeiten. Nach und nach 80 ml kaltes Wasser einrühren, bis der Teig flüssig ist. Ein Arbeitsbrett und die Form mit wenig Öl einpinseln. Den Dämpfeinsatz in den Topf setzen, der vorher mit etwas Wasser gefüllt würde, und das Wasser aufkochen.

Den Teig umrühren und nur so viel davon in die Form schöpfen, dass der Formboden gerade mit Teig bedeckt ist (2 bis 3 mm hoch). Form vorsichtig in den Dämpfeinsatz stellen und den Teig im geschlossenen Topf 2 bis 3 Minuten dämpfen. Die Form herausnehmen (Achtung, heiß!), die Nudelplatte rundum mit einem Messer lösen und mit den Fingern im Ganzen aus der Form ziehen. Die Nudelplatte auf das geölte Brett legen und dünn mit Öl einpinseln.

2. Die Form gut von allen Teigrückständen säubern, erneut einölen und den gerade beschriebenen Arbeitsschritt wiederholen. So lange fortfahren, bis der Teig aufgebraucht ist. Ganz wichtig: Den Teig vor jeder Entnahme gut umrühren! Alle fertigen Nudelplatten deckungsgleich aufeinanderstapeln, dabei das Ölen nicht vergessen.

3. Die Teigplatten mit einem eingeölten Messer in 1½ bis 2 cm breite Streifen schneiden. Sind die Streifen sehr lang, am besten noch halbieren oder dritteln (oder beim Braten im Wok mit dem Pfannenwender zerkleinern).

MEINE TIPPS: Diese Reisnudeln sollte man unbedingt frisch verwenden, im Kühlschrank werden sie hart und verlieren ihre tolle Konsistenz. Sie können wie alle anderen gekochten Asia-Nudeln eingesetzt werden, etwa in Stir-Frys oder in Suppen. Unbedingt einmal damit zubereiten: Char Kway Teow (siehe S. 68). Zum Dämpfen des Nudelteigs lässt sich von der unbeschichteten quadratischen Brownieform bis zur beschichteten runden Tarte-Tatin-Form alles einsetzen, solange die Form in den Dämpfeinsatz passt und sich der Topf mit dem Deckel noch schließen lässt. Die Form muss nur einen wirklich ebenen Boden haben, sonst werden die Nudeln nicht gleichmäßig dick.

ZUBEREITUNG: CA. 40 MINUTEN

FRISCHE TEIGBLÄTTER

—— FÜR GYOZA & CO. ——

Früher hatte ich immer fertig gekaufte Gyoza- oder Mandu-Teigblätter im Tiefkühlfach. Heute mache ich sie gerne selbst, da sie dann in Sachen Geschmack und Konsistenz noch mal einen Tick besser sind. Dabei sollte man entweder immer nur einen Teil des Teiges bearbeiten oder die einzelnen Blätter mit etwas Stärke bestäubt aufeinanderstapeln und abdecken, weil der Teig nach dem Ausrollen schnell austrocknet.

FÜR 24–30 STÜCK

200 g Mehl
½ TL feines Meersalz

AUSSERDEM:
Kreisausstecher (8–9 cm Ø)
Mais- oder Tapiokastärke

1. Das Mehl mit dem Salz in eine Schüssel geben und mischen, in die Mitte eine Mulde drücken. 110 ml kochend heißes Wasser in die Mulde gießen und alles mit den Knethaken des Handrührgerätes oder der Küchenmaschine verkneten, bis sich eine Teigkugel gebildet hat. Befinden sich noch viele trockene Brösel in der Schüssel, gibt man teelöffelweise mehr heißes Wasser dazu und prüft dabei immer, ob sich der Teig nun gut verbindet. Das ist wichtig, da er später fürs Formen nicht zu weich sein darf.

2. Sobald sich der Teig zu einer Kugel verbunden hat, aus der Schüssel nehmen und mindestens 5 Minuten von Hand kneten — er wird dabei spürbar glatter und elastischer. Den Teig wieder in die Schüssel legen, mit Frischhaltefolie oder einem feuchten Küchentuch abdecken und etwa 1 Stunde ruhen und entspannen lassen. (Muss es mal schnell gehen, reichen auch 30 Minuten.)

3. Profis teilen den Teig in kleine Portionen und rollen jedes Teigblatt einzeln aus (dabei bleibt die Mitte gewollt ein wenig dicker). Ich rolle den ganzen Teig auf der mit wenig Stärke bestäubten Arbeitsfläche mit dem Nudelholz zu einer großen Platte aus (alternativ geht das auch mit einer Nudelmaschine!) und steche die Teigblätter in der gewünschten Kreisgröße aus. Der Teig sollte wirklich dünn (1 bis 2 mm) ausgerollt und im Zweifel lieber etwas größer ausgestochen werden (mindestens 8 bis 9 cm Ø), da er sich sofort wieder ein wenig zusammenzieht.

DAS FINISH: Die Teigblätter mit einer Füllung nach Wahl bestücken, formen und garen — etwa als Gyoza (siehe S. 26). Sie lassen sich sowohl dämpfen als auch — ganz klassisch — braten und dämpfen. Bei der Form kann man variieren, am verbreitetsten sind Halbmonde und Dreiecke.

ZUBEREITUNG: CA. 30 MINUTEN
RUHEN: 1 STUNDE

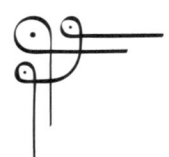

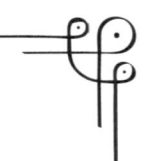

ZWEIERLEI NUDELN

—— MIT UND OHNE EI ——

Hat man erst die Scheu verloren, Nudeln selbst zu machen, geht einem die Zubereitung schnell von der Hand. Benötigt wird übrigens nicht einmal eine Nudelmaschine! „Hand-pulled noodles", also handgezogene Nudeln, nehme ich hier ausdrücklich aus, sie erfordern tatsächlich einiges an Können und sind mir noch nie gelungen.

FÜR JE 2–3 PORTIONEN

FÜR TEIG OHNE EI:
185 g Mehl
15 g Maisstärke
½ TL feines Meersalz
½ TL Pottasche
½ EL Öl

FÜR TEIG MIT EI:
200 g Mehl
¼ TL feines Meersalz
1 Ei (M)
1 EL Öl

AUSSERDEM:
Mais- oder Tapiokastärke
zum Arbeiten

ZUBEREITUNG (TEIG OHNE EI):
CA. 20 MINUTEN
& RUHEN 30 MINUTEN

ZUBEREITUNG (TEIG MIT EI):
CA. 40 MINUTEN & RUHEN 10 MINUTEN

FÜR NUDELTEIG OHNE EI:
1. Mehl, Maisstärke und Salz in einer Schüssel mischen. Die Pottasche mit 90 bis 100 ml warmem Wasser verrühren, bis sie sich aufgelöst hat und mit dem Öl zur Mehlmischung geben. Alles mit den Knethaken des Handrührgerätes oder der Küchenmaschine zu einem relativ festen Teig verarbeiten.

2. Sobald sich der Teig zu einer Kugel formt, von Hand weiterkneten, bis er geschmeidiger wird. Das dauert mindestens 5 Minuten. Wirkt der Teig zu trocken, zwischendurch immer wieder die Hände befeuchten. Fertigen Teig in Frischhaltefolie wickeln und mindestens 30 Minuten ruhen lassen, dann den Teig halbieren.

3. Nacheinander beide Teighälften auf einem mit wenig Stärke bestäubten Arbeitsbrett zu einem möglichst dünnen Rechteck ausrollen. Teigplatte fein mit Stärke bestäuben, mehrfach falten (z.B. wie einen Brief) und mit einem großen Messer in 1 bis 3 mm dünne Streifen schneiden. Mit den Händen auflockern.

FÜR NUDELTEIG MIT EI:
1. Mehl, Meersalz, Ei und Öl mit 75 ml warmem Wasser in eine Schüssel geben und mit den Knethaken des Handrührgeräts oder der Küchenmaschine zu einem weichen, aber nicht mehr klebrigen Teig verkneten (ansonsten noch etwas Mehl dazugeben). Den Teig von Hand ein paar Minuten weiterkneten, bis er glatt und geschmeidig ist. Mit Frischhaltefolie bedecken und 10 Minuten ruhen lassen.

2. Ein großes Backblech oder Arbeitsbrett mit wenig Stärke bestäuben. Nach und nach kleine, maximal haselnussgroße Portionen vom Teig abzwicken und mit den Fingern gleichmäßig dünn ausziehen — die Formen dürfen dabei ruhig unregelmäßig werden. Auf dem Blech oder dem Brett ablegen.

DAS FINISH: Die Nudelstreifen oder Nudelfleckchen in reichlich kochendem Salzwasser 2 bis 5 Minuten al dente garen (Bisstest machen!), abgießen und servieren. Wer mag, kann die Nudeln nach dem Abgießen auch noch mit ein paar Tropfen (Sesam-)Öl vermengen, dann kleben sie weniger aneinander.

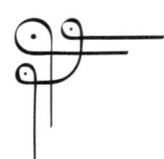

KIMCHI

Auch wenn Kimchi aus Korea stammt, ist er mittlerweile aus den Küchen ganz Asiens nicht mehr wegzudenken. Er verleiht als würzige, knackige Beilage beispielsweise einfachen Nudel- oder Reisgerichten eine spannende Note. Mein Kimchi-Rezept ist sehr einfach gehalten, kann aber mit weiteren klein geschnittenen Zutaten (etwa Daikon-Rettich, Möhre, Nashi-Birne, Salatgurke) bunt variiert werden.

FÜR 2 EINMACHGLÄSER (À CA. 750 ML)

1 Chinakohl (ca. 1,2 kg)
gut 2 EL feines Meersalz
25 g Ingwer
5–6 Knoblauchzehen
2–3 EL koreanische Chiliflakes (Gochugaru)
2 EL Fischsauce
1 EL heller Reisessig
1 EL Zucker
4–5 Frühlingszwiebeln

1. Den Chinakohl der Länge nach vierteln, den Strunk entfernen. Die dickeren, weißen Teile in 3 cm große Stücke schneiden, die gelbgrünen Blattstücke können ruhig etwas größer werden. (Bei mir wird der Kohl vorher nur gewaschen, wenn er verschmutzt ist, da er nach dem Einsalzen sowieso ordentlich gespült wird.)

2. Die Kohlstücke gleichmäßig mit dem Salz bestreuen und in eine große Schüssel geben. Mit den Händen durchmengen und sanft kneten. Nun der Kohl 1 bis 1½ Stunden ruhen und Wasser ziehen lassen, dabei immer wieder mal durchmischen. Der Kohl kann weiterverarbeitet werden, wenn ein gut mit Wasser abgespültes Stück immer noch ein wenig salzig schmeckt.

3. Den Ingwer und den Knoblauch schälen und in dünne Scheiben schneiden. Beides mit Chiliflakes, Fischsauce, Reisessig und Zucker im Blitzhacker zu einer relativ feinen Paste verarbeiten. Die Frühlingszwiebeln putzen, waschen und schräg in 1 bis 2 cm breite Ringe schneiden.

4. Den Kohl gründlich in kaltem Wasser waschen und gut abtropfen lassen, zurück in die ausgespülte Schüssel geben und mit der Ingwer-Knoblauch-Paste und den Frühlingszwiebeln vermengen. Die Schüssel locker abdecken und den Kohl bei Raumtemperatur 1 bis 3 Tage fermentieren lassen. Am besten verkostet man das Kimchi jeden Tag und füllt es kühlschranktauglich ab, wenn es einem am besten schmeckt.

5. Das Kimchi in gründlich gereinigte Einmachgläser füllen und gut verschließen. Wichtig: Die Gläser nie randvoll machen, da der Kohl während der Aufbewahrung weiter fermentieren und sich ausdehnen kann. Im Kühlschrank hält sich das Kimchi mehrere Wochen.

MEIN TIPP: Ein Glas Kimchi im Kühlschrank hat Lebensretter-Qualitäten. Damit lassen sich nicht nur Pancakes (siehe S. 14) zubereiten, sondern auch Fried Rice oder eine Schale mit Nudeln aufpeppen. Fein gehackt ersetzt er sogar regulären Spitzkohl in der Gyoza-Füllung (siehe S. 26).

ZUBEREITUNG: CA. 30 MINUTEN
RUHEN: 1½ STUNDEN
FERMENTIEREN: 1–3 TAGE

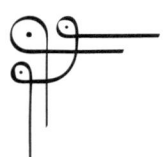

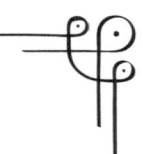

ZWEIERLEI PICKLES

─── BLUMENKOHL-APFEL-PICKLES UND SANDWICH-PICKLES ───

Bei einem guten indischen Thali findet sich immer ein Schälchen mit Pickles. Das kommt nicht von ungefähr, „Knackig-Süß-Sauer" passt einfach gut zu scharfen Currys & Co. Und auch das wahrscheinlich beliebteste Sandwich Asiens lässt sich damit bestücken, das vietnamesische Banh Mi (siehe unten). Ausprobieren!

FÜR JE 1 EINMACHGLAS (À CA. 400 ML)

FÜR DIE BLUMENKOHL-APFEL-PICKLES:
100–150 g Blumenkohl
1 kleiner säuerlicher Apfel
100 ml milder, weißer Essig
(mindestens 5 % Säure)
50 g Zucker
½ EL grobes Meersalz
½ TL Currypulver
½ TL gemahlene Kurkuma

FÜR DIE SANDWICH-PICKLES:
1 große Möhre
1 Stück Rettich (ca. 10 cm)
1 rote Zwiebel
1 walnussgroßes Stück Ingwer
1 Knoblauchzehe
¼–½ große rote Chilischote
½ TL Szechuan-Pfefferkörner
100 ml milder, weißer Essig
(mindestens 5 % Säure)
50 g Zucker
¾ EL grobes Meersalz

FÜR DIE BLUMENKOHL-APFEL-PICKLES:

1. Den Blumenkohl waschen, putzen und in Röschen mit möglichst kurzem Stiel (bleibt sonst hart) zerteilen. Den Apfel schälen, entkernen und in 2 cm große Würfel schneiden. Den Kohl und Apfel möglichst dicht in das gründlich gereinigte Glas schichten, bis dieses randvoll ist.

2. Den Essig mit 100 ml Wasser, Zucker, Salz, Currypulver und Kurkuma in einem Topf verrühren, aufkochen. Den heißen Sud langsam in das gefüllte Glas gießen, bis er etwa ½ cm unter den Glasrand reicht. Das Glas fest verschließen und mehrmals wenden, damit sich versteckte Luftblasen lösen. Die Pickles mindestens 12 Stunden (am besten über Nacht) durchziehen lassen. Im Kühlschrank sind sie mehrere Wochen haltbar.

FÜR DIE SANDWICH-PICKLES:

1. Die Möhre und den Rettich putzen, schälen und entweder von Hand oder mit einem Hobel in etwa 5 cm lange dünne Juliennestreifen schneiden. Zwiebel schälen und längs in dünne Spalten schneiden. Den Ingwer schälen und in feine Streifen schneiden. Den Knoblauch schälen und in feine Scheiben schneiden. Die Chilischote entkernen, waschen und in feine Ringe schneiden. Alle vorbereiteten Zutaten mit den Szechuan-Pfefferkörnern möglichst dicht in das gründlich gereinigte Glas schichten, bis dieses randvoll ist.

2. Den Essig mit 100 ml Wasser, Zucker und Salz in einem Topf verrühren und aufkochen. Den heißen Sud langsam in das gefüllte Glas gießen, bis er etwa ½ cm unter den Glasrand reicht. Das Glas fest verschließen und mehrmals wenden, damit sich versteckte Luftblasen lösen. Die Pickles mindestens 12 Stunden (am besten über Nacht) durchziehen lassen. Im Kühlschrank sind sie mehrere Wochen haltbar.

MEIN TIPP: Für ein Banh Mi 1 Baguette längs aufschneiden und mit Mayonnaise und Chilisauce oder mit würziger Chilicreme (z.B. Sriracha Mayo Sauce) bestreichen. Mit Fleisch (von Schweinebraten über Grillhähnchen bis Fleischbällchen), Gurkenscheiben und Pickles belegen. Korianderblättchen drüber, fertig!

ZUBEREITUNG: JE CA. 20 MINUTEN
RUHEN: JE 12 STUNDEN

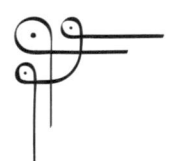

HÜHNERBRÜHE

— SELBST GEMACHT —

Eine richtig aromatische Hühnerbrühe ist unerlässlich für gute asiatische Küche und eignet sich perfekt, um eine eigene Kochtradition ins Leben zu rufen. So habe ich vor vielen Jahren angefangen, jedes zweite Wochenende einen großen Topf Hühnerbrühe zu kochen. Win-Win auf allen Seiten: Man beherrscht das Rezept bald im Schlaf, kann bei Zutaten und Gewürzen auch mal experimentieren und im Tiefkühl-fach ist immer ein Vorrat der allerbesten Brühe — praktisch portionierbar in Eiswürfelformen.

FÜR 2½ L BRÜHE

1 kg Hähnchenflügel
1 Zwiebel
4 Gewürznelken
2 Sternanise
1 Möhre
3 Frühlingszwiebeln oder
½ Lauch
1 Stück Sellerieknolle (ca. 40 g)
oder 1 Stange Staudensellerie
1 Knoblauchzehe
1 walnussgroßes Stück Ingwer
2–3 Korianderwurzeln oder
10 Korianderkörner
10—15 schwarze Pfefferkörner
2–3 Lorbeerblätter
(grobes) Meersalz

1. Die Hähnchenflügel abbrausen und trocken tupfen. Die Zwiebel abbrausen, trocken tupfen und samt Schale halbieren. Die Schnittflächen der Zwiebelhälften in einem großen Topf anrösten, bis sie fast schwarz sind. Die Hähnchenflügel, die Gewürznelken und Sternanise dazugeben und ebenfalls kurz mitrösten, dann 3 l kaltes Wasser in den Topf gießen.

2. Das Gemüse waschen und putzen oder schälen und in grobe Stücke schnei-den. Den Knoblauch und den Ingwer schälen und gegebenenfalls mit den Kori-anderwurzeln grob zerkleinern. Alles mit Pfefferkörnern, Lorbeerblättern und gegebenenfalls Korianderkörnern in den Topf geben und aufkochen. Die Hühner-brühe zugedeckt bei schwacher Hitze 2½ bis 3 Stunden ganz sanft köcheln lassen, dabei während der ersten 30 Minuten den entstehenden Schaum mit einem großen Löffel oder dem Schaumlöffel abschöpfen.

3. Das Gemüse und die Hähnchenflügel aus der Brühe nehmen und entsorgen oder anderweitig verwenden (siehe Tipp). Die Brühe durch ein feines Sieb (oder auch einen Nussmilchbeutel) abseihen und zurück in den gesäuberten Topf geben. Die Hühnerbrühe aufkochen, mit Salz würzen und gleich im Anschluss weiterverwenden. Oder die Brühe auskühlen lassen und für später in den Kühlschrank stellen oder portionieren und einfrieren. Im Kühlschrank ist die Brühe mehrere Tage haltbar, tiefgekühlt etliche Monate.

MEINE TIPPS: Natürlich kann man anstelle der Hähnchenflügel auch ein (kleines) Suppenhuhn verwenden. Aber ich zupfe gerne das Fleisch (mitsamt der Haut) noch warm von den Flügeln, hacke es klein und verwende es für Fried Rice — das Fleisch von einem Suppenhuhn kann da keinesfalls mithalten. Gemüsereste, die im Alltag anfallen und sich für das Kochen einer Brühe eignen, packe ich übrigens immer direkt in einen extra Gefrierbeutel im Tiefkühlfach — so habe ich fast immer genug Suppengemüse im Haus.

ZUBEREITUNG: CA. 30 MINUTEN
KOCHEN: CA. 3 STUNDEN

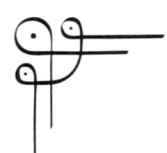

PANEER

—— INDISCHER FRISCHKÄSE ——

Hand hoch, wer jetzt nicht sofort an Palak Paneer gedacht hat! Aber der indische Frischkäse kann noch mehr, und er lässt sich vor allem sehr einfach — sogar ohne spezielle Hilfsmittel — selbst herstellen. Damit dann unbedingt mal Paneer Bhurji (siehe S. 10) und Paneer-Tomaten-Curry (siehe S. 92) ausprobieren.

FÜR CA. 200 G PANEER

1 große saftige Zitrone
1½ l Vollmilch (3,5 % Fett)
1½ TL feines Meersalz

AUSSERDEM:

großes, feines Metallsieb
Passiertuch (auch gut: Käse-
leinen oder Nussmilchbeutel)
2 große Küchenbretter

1. Das Metallsieb in eine große Schüssel hängen oder auch in die Geschirrspüle stellen. Das Passiertuch nass machen, gut auswringen und das Sieb damit auslegen. Die Zitrone auspressen und den Saft durch ein kleines Sieb gießen (es sollten 3 bis 4 EL Saft sein), um Kerne und Fruchtfleisch zu entfernen.

2. Die Milch in einem Topf erhitzen, dabei gelegentlich umrühren, damit sie nicht anbrennt. Sobald die Milch anfängt zu köcheln, zuerst das Salz einrühren, dann den Zitronensaft. Nun vorsichtig weiterrühren, bis die Milch ausflockt und sich das geronnene Eiweiß (Kasein) von der flüssigen Molke trennt. Den Topf vom Herd nehmen und 2 bis 3 Minuten stehen lassen, dann den Inhalt langsam in das ausgelegte Sieb gießen.

3. Sobald die Molke abgeflossen ist und die Käseflocken (Kasein) abgekühlt sind, die Enden des Tuchs fest zusammendrehen und die restliche Molke aus dem Käse pressen. Das Päckchen zwischen die Küchenbretter legen und diese kräftig zusammendrücken (ich lege den Stapel in die Badewanne und lehne mich mit meinem gesamten Gewicht darauf). Ein paar dicke Bücher, mit denen man den Stapel beschwert, tun es aber ebenfalls.

4. Lässt sich keine Molke mehr herauspressen, den Käse ganz vorsichtig in Form drücken, aus dem Tuch lösen und in zwei Lagen Küchenpapier einschlagen. So den Paneer in einen luftdicht verschließbaren Behälter legen und im Kühlschrank mindestens 12 Stunden (am besten über Nacht) fest werden lassen. Paneer hält sich im Kühlschrank 3 bis 4 Tage.

MEINE TIPPS: Wer regelmäßig Paneer zubereitet, der weiß, dass nicht jede Milch für die Zubereitung geeignet ist. Große Übereinstimmung gibt es beim Punkt Fettgehalt: Dieser sollte möglichst hoch sein (3,5 %). Bei allen anderen Merkmalen scheiden sich die Geister. Ich verwende nur Bio-Vollmilch (3,5 % Fett), ab und zu auch mal eine, die länger haltbar ist — und hatte damit noch nie Probleme. Ist das Passiertuch sehr eng gewebt, dauert es mitunter recht lange, bis die Molke abgeflossen ist. Ein Grund, warum ich am liebsten Nussmilchbeutel (erhältlich im Küchenladen, Reformhaus, Online-Shop) verwende. Diese sind nicht ganz so dicht und haben eine perfekte Durchlässigkeit.

ZUBEREITUNG: CA. 30 MINUTEN
KÜHLEN: CA. 12 STUNDEN

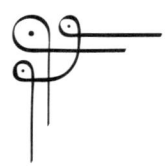

ROTI PRATA

— GEBRATENES FLADENBROT AUS DER PFANNE —

„Roti" steht für Fladenbrot und ist in Asien in unterschiedlichen Formen und Zubereitungsarten anzutreffen. Selbst wenn die dünnen Fladen vom heimischen Herd nie so gut schmecken wie früh morgens (ab 6.30 Uhr geöffnet!) bei Mr & Mrs Mohgan's oder Sin Ming, sie werden mit jeder Zubereitung besser und die Zeit bis zum nächsten Singapur-Trip kann überbrückt werden ...

FÜR 6 STÜCK

FÜR DIE ROTI:

250 g Mehl
½ TL feines Meersalz
½ TL Zucker
½ Ei (M, 25 g)
1 EL Öl

FÜR DEN CURRY-DIP:

2 Schalotten
1 Knoblauchzehe
1 EL Ghee oder Butterschmalz
1½–2 EL Massaman-Currypaste
1 Lorbeerblatt
250 g Kokosmilch
200 ml Hühnerbrühe (am besten selbst gemachte, siehe S. 178)
½–1 TL Palmzucker
feines Meersalz

AUSSERDEM:

Öl zum Arbeiten
Ghee oder Butterschmalz
zum Braten

1. Für die Roti Mehl, Salz und Zucker in einer Schüssel mischen, in die Mitte eine Mulde drücken. Das Ei mit dem Öl verrühren und in die Mulde geben. Mit den Knethaken des Handrührgeräts oder der Küchenmaschine zu rühren beginnen, dann 110 ml kochend heißes Wasser dazugießen. Kneten, bis sich eine Teigkugel bildet. Bleibt der Teig zu bröselig, teelöffelweise mehr Wasser dazugeben. Den Teig von Hand 5 Minuten kneten, bis er glatt und geschmeidig ist. In 6 Portionen (à 65 bis 70 g) teilen, zu kleinen Kugeln formen und mit den Händen gleichmäßig einölen. Abgedeckt mindestens 1 Stunde ruhen lassen.

2. Für den Dip die Schalotten und den Knoblauch schälen und in feine Würfel schneiden. Ghee oder Schmalz im Wok erhitzen. Schalotten und Knoblauch darin glasig andünsten. Die Currypaste dazugeben und 1 bis 2 Minuten anrösten. Lorbeerblatt, Kokosmilch und Hühnerbrühe hinzufügen und alles 5 bis 8 Minuten bei schwacher Hitze köcheln lassen. Den Wok vom Herd nehmen und den Curry-Dip mit Palmzucker und Salz abschmecken, das Lorbeerblatt entfernen

3. Um die Roti zu formen, ein Schälchen mit etwas Öl bereitstellen, die Arbeitsfläche und Hände einölen. Auf der Arbeitsfläche nach und nach 1 Teigkugel mit den Handballen flach drücken, dabei ab und zu umdrehen und behutsam immer weiter ausziehen, bis der Teig hauchdünn ist. Teig mit wenig Öl besprenkeln und von zwei Seiten her jeweils zur Mitte einklappen, dann locker zu einem Strang einrollen. Den Teigstrang an einer Seite am Brett festhalten und die andere Seite wie eine Schnecke um den festgehaltenen Teil legen. Das Strangende unter die Teigschnecke falten. Die Teigschnecken ein paar Minuten entspannen lassen.

4. Backofen auf 75 °C vorheizen. 1 vorbereitete Teigschnecke zu einem dünnen Fladen ausrollen. Etwas Ghee oder Schmalz in einer großen Pfanne erhitzen und den Fladen darin bei mittlerer Hitze auf jeder Seite 2 bis 3 Minuten braten, bis er bräunt. Roti Prata aus der Pfanne nehmen, auf ein Brett legen und zwischen den Händen mit einer Bewegung auflockern, als würde man in die Hände klatschen, dann im Ofen warm halten. Die übrigen Teigschnecken ebenso zubereiten.

5. Den Curry-Dip noch einmal erhitzen, auf Schälchen verteilen und mit den Roti Prata servieren, sodass jeder sein Fladenbrot in den Dip tauchen kann. Auch sehr fein: die Roti als Beilage (ohne den Dip) zu einem Curry-Gericht servieren.

ZUBEREITUNG: CA. 1 STUNDE
RUHEN: 1 STUNDE

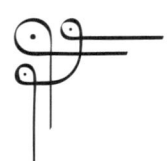

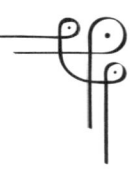

KAYA

— SÜSSER BROTAUFSTRICH MIT KOKOSMILCH —

Nach Singapur gereist zu sein und keine Kaya probiert zu haben, geht das überhaupt? Dieser köstliche süße Aufstrich aus Eiern, Kokosmilch und Pandan gehört zum traditionellen Frühstück, welches nahezu jeder Kopitiam (Coffeeshop) und jedes Café im Angebot haben: Buttertoast mit Kaya darauf, dazu ein sehr weich gekochtes Ei mit Sojasauce sowie Kaffee oder Tee.

FÜR 1 EINMACHGLAS (CA. 400 ML)

30 g Palmzucker
100 g weißer Zucker
250 g Kokosmilch
¼ TL feines Meersalz
5 Pandanblätter
4 Eigelb (L)
1 Ei (L)

1. Den Palmzucker fein hacken und mit weißem Zucker, Kokosmilch und Salz in einen kleinen Topf geben. Die Pandanblätter abbrausen, gut trocken tupfen und mit einer Küchenschere in 2 bis 3 cm breiten Streifen direkt in den Topf schneiden. Alles unter Rühren erhitzen, bis die Kokosmilch gerade zu köcheln beginnt und sich der Zucker aufgelöst hat. Den Topf vom Herd nehmen und die Kokosmilch mindestens 15 Minuten ruhen und ziehen lassen (für einen intensiveren Pandangeschmack gerne länger).

2. Die Eigelbe sowie das ganze Ei in eine Metallschüssel geben und vor Hand glatt verrühren. Die heiße Kokosmilch durch ein feines Sieb langsam zu den Eiern gießen. Die Pandanblätter im Sieb mit einem Löffelrücken gut ausdrücken, bevor man sie entsorgt (das Sieb wird noch mal gebraucht).

3. Die Metallschüssel über ein sanft simmerndes Wasserbad setzen und die Kokosmilchmischung am besten mit einem Teigschaber so lange rühren, bis sie merklich eindickt und eine puddingartige Konsistenz annimmt — das kann 10 Minuten, aber auch mal 20 Minuten dauern (übertreibt man es mit der Hitze des Wasserbads, stockt das Ei und man bekommt süßes Rührei).

4. Die Kaya durch das Sieb in ein gründlich gereinigtes Einmachglas abfüllen, gut verschließen. Beim Abkühlen wird die Kaya übrigens noch mal etwas fester. Im Kühlschrank ist der Brotaufstrich ein paar Wochen haltbar.

MEIN TIPP: Kaya kann beinahe mit jeder Art Zucker zubereitet werden. Brauner Zucker sorgt zum Beispiel für ein leicht malziges Karamellaroma, Gula Melaka verleiht dem Aufstrich eine leicht rauchige Note und dunklere Farbe. Ich habe vor Ort schon alles zwischen einer gräulich-hellbraunen Paste (Konsistenz wie Schmirgelpapier) und einer in leuchtendem Grün gegessen, bei der noch gras-grüne Pandanpaste mit im Spiel war. Die Zubereitungsmöglichkeiten sind auch hier endlos. Früher wurden für eine Kaya-Zubereitung übrigens schon mal 4 bis 8 Stunden veranschlagt!

ZUBEREITUNG: 30–40 MINUTEN
RUHEN: 15 MINUTEN

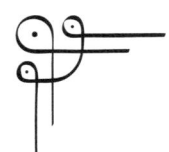

YOU TIAO

—— CHINESE DOUGHNUTS ——

Mit meiner ausgeprägten Liebe zu Schmalzgebäck jeglicher Art (Küchel! Churros! Fricule! Sopapilla! Lángos!) bin ich in Asien gut aufgehoben und finde immer wieder neue Varianten. Diese länglichen, ohne Hefe zubereiteten You Tiao – auch You Char Kway oder Chinese Doughnuts genannt – werden in fast jedem Hawker Centre Singapurs angeboten, sie sind ein populärer Snack und unerlässlich zum Dippen von Suppen, Congee (Reisbrei) oder auch süßer (Soja-)Milch. In Rojak (siehe S. 40) finden sie geschnitten als eine Art Croûtons Verwendung.

FÜR 10–14 STÜCK

300 g Mehl (Type 550)
1 TL Backpulver
¾ TL feines Meersalz
½ TL Zucker
¾ TL Natron
1 EL Öl

AUSSERDEM:

Mehl zum Arbeiten
Holzstäbchen zum Arbeiten
1–1½ l Öl zum Frittieren

1. Das Mehl mit Backpulver, Salz und Zucker in einer Schüssel mischen. Das Natron mit 175 ml lauwarmem Wasser und dem Öl verrühren, zum Mehl gießen. Alles mit den Knethacken des Handrührgerätes (oder der Küchenmaschine) etwa 5 Minuten zu einem kaum mehr klebrigen Teig verkneten (ansonsten noch etwas Mehl dazugeben). Den Teig unter einem feuchten Küchentuch an einem warmen Ort 30 Minuten ruhen lassen.

2. Hobby-Brotbäcker kennen den nächsten Schritt: Mit der Faust Luft aus dem Teig drücken. Dann am oberen Schüsselrand (12-Uhr-Position) den Teig nehmen, etwas nach oben ziehen, über die Mitte nach unten (6-Uhr-Position) dehnen und dort in den Teig drücken. Jetzt so lange immer wieder die Schüssel um 90 Grad drehen und die beschriebene Bewegung wiederholen, bis die Schüssel in der Ursprungsposition steht. Auf diese Weise erhält der Teig eine bessere Struktur. Den Teig abdecken und 30 Minuten ruhen lassen, den Faltvorgang wiederholen und den Teig erneut 30 Minuten ruhen lassen.

3. Nun den Teig auf einer bemehlten Arbeitsfläche behutsam 1 cm dick ausrollen und mit einem großen Messer in gleich große Streifen (10 × 2 ½ cm) schneiden. Immer aus 2 Teigstreifen ein You Tiao formen: 1 Teigstreifen der Länge nach in der Mitte (½ cm breit) mit wenig Wasser bepinseln, zweiten Teigstreifen passgenau darauflegen. Die beiden Teigstreifen mit einem bemehlten Holzstäbchen über der „Wassernaht" zusammendrücken und abgedeckt 10 Minuten ruhen lassen. Inzwischen in einem weiten Topf das Frittieröl auf 180 °C erhitzen.

4. You Tiao portionsweise frittieren: Nach und nach 1 Teigstück an beiden Enden in die Hände nehmen, direkt über dem Topf zu etwa 25 cm Länge ausziehen und sofort ins heiße Öl gleiten lassen. Sobald die Unterseite goldbraun aufgepufft ist, You Tiao umdrehen und 1 bis 2 Minuten fertig frittieren. Mit dem Schaumlöffel aus dem Topf heben und auf Küchenpapier entfetten. Noch warm verzehren.

MEIN TIPP: Klassisch wird der Teig am Vortag geknetet und reift über Nacht im Kühlschrank. Ich habe aber mit dieser Falttechnik und den Ruhezeiten 1-a-Ergebnisse erzielt. Wichtig ist, dass die Triebmittel ihre Wirkung entfalten können und der Teig vor dem Frittieren entspannen darf, sonst gehen die You Tiao nicht luftig auf.

ZUBEREITUNG: CA. 30 MINUTEN
RUHEN: 2 STUNDEN
FRITTIEREN: CA. 4 MINUTEN
(JE DURCHGANG)

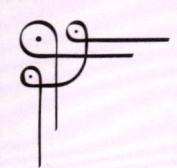

MEINE LIEBLINGSZUTATEN

Mit wenigen Ausnahmen sind die meisten Zutaten mittlerweile in einem durchschnittlichen Asienladen oder sogar im gut sortierten Supermarkt zu bekommen. Wem diese Einkaufsmöglichkeiten fehlen, der kann auf ein äußerst vielfältiges Angebot diverser Online-Shops zurückgreifen.

Noch ein Wort zur Haltbarkeit von Saucen & Co.: Manche heben fast alles ungekühlt auf, für andere kommt nur der Kühlschrank als Lagerort in Frage. Wer sich hier unsicher ist, sollte immer die Produkthinweise zu Rate ziehen. Ich kaufe meist kleine Flaschen und Gläser — das garantiert einen zügigen Verbrauch. Zudem bewahre ich Sojasaucen, Fischsauce, Sesamöl, Reiswein und Chinki-ang-Reisessig ungekühlt auf, dagegen kommen Ketjap Manis, Austernsauce, Hoisin-Sauce, Chilisauce und diverse Pasten in den Kühlschrank. Wie immer gilt: Vor dem Gebrauch einfach kurz inspizieren, Nase und Augen sind der beste Helfer.

MUST HAVE

Eine Auswahl an Zutaten, die für spontane asiatische Küche unerlässlich sind und den Grundstock im Vorratsschrank bilden:

AUSTERNSAUCE
Eine dunkle, zähfließende Würzsauce aus Austern (je nach Marke auch mit Zucker und Gewürzen). Verleiht wie Fischsauce eine unwiderstehliche Umami-Würze, die überhaupt nicht nach Austern schmeckt.

CHILISCHOTEN, CHILIÖL, SAMBAL
Die asiatische Küche liebt Schärfe, die man aber individuell dosieren kann. Frische Chilischoten liefern je nach Sorte eine fruchtige bis betäubende Schärfe, entfernt man Kerne und Scheidewände, wird es erträglicher. Sambal (eine Paste aus Chilischoten und z.B. Knoblauch) und Chiliöl (mit Chili und diversen Gewürzen angereichertes Öl) eignen sich besonders gut zum Abschmecken.

CURRYPASTE
Zum schnellen Ansetzen von Currys oder Suppen. Am wandlungsfähigsten einsetzen lassen sich eine rote Curry-paste und eine Massaman-Paste.

ERDNUSSÖL
Neutral schmeckendes Öl mit einem hohen Rauchpunkt, das sich nicht nur zum scharfen Anbraten, sondern auch zum Frittieren eignet.

FISCHSAUCE
Eine bernsteinfarbene Würzsauce, die aus fermentiertem Fisch und/oder Meeresfrüchten gewonnen wird. Nicht vom Geruch abschrecken lassen! Die Sauce verleiht Gerichten (nicht nur asiatischen) eine einzigartige Umami-Note. Immer sparsam dosieren.

HOISIN-SAUCE
Dunkle Würzsauce aus fermentierten Sojabohnen, die zu Fleischgerichten oder auch Pho (vietnamesische Suppe) gereicht wird.

INGWER, KNOBLAUCH
Ein Spitzenduo, absolut unverzicht-bar in der Asia-Küche. Bleibt beides im Kühlschrank — offen gelagert — mehrere Wochen frisch.

KOKOSMILCH
Wer Currys mag, sollte auch immer etwas Kokosmilch im Vorratsschrank haben, aber bitte nicht fettreduzierte. Vor dem Öffnen gut durchschütteln!

SESAMÖL
Gibt es hell und dunkel, wobei die letztere Version von geröstetem Sesam stammt und viel intensiver schmeckt. Wird nur zum Verfeinern verwendet. Sparsam dosieren!

SHAOXING-REISWEIN
Gold- bis hellbrauner chinesi-scher Wein, der aus fermentiertem Reis hergestellt wird. Unerlässlich für Saucen, Marinaden und Stir-Frys. Kann durch trockenen Sherry ersetzt werden.

SHIITAKE-PILZE (GETROCKNET)

Sie sind perfekte Umami-Alleskönner. Eine Pilzbrühe lässt sich damit ebenso zubereiten, wie schnelle Nudeln oder ein Fried Rice. Trocken gelagert sind die Pilze sehr lange haltbar.

SOJASAUCE

Die asiatische Würzsauce wird aus Sojabohnen, Wasser, Salz und ab und zu auch Getreide gebraut. Helle (regular/light), etwas salzigere Soja-sauce nimmt man vornehmlich zum Würzen, dunkle (dark), meist etwas dickflüssigere Sojasauce hauptsächlich zum Färben. Tamari-Sojasauce wird ohne Getreide hergestellt (glutenfrei) und Shoyu bezeichnet eine japanische Sojasauce mit mildem Geschmack.

SRIRACHA

Vielleicht die beliebteste Chilisauce weltweit. Sie schmeckt zu allem — von Sushi bis zu Gegrilltem. Es gibt sie pur in verschiedenen Schärfegraden sowie auch als Mischungen. Beson-ders die würzig-cremige Sriracha Mayo Sauce ist einen Versuch wert!

ZWIEBELN (FRITTIERT)

Eine echte Zauberzutat. Ist man den goldbraunen Knusperstückchen erst einmal verfallen, muss man sich richtig bremsen, um sie nicht über jedes Gericht zu streuen. Sinn haben die Röstzwiebeln vor allem dort, wo eine zusätzliche, krosse Textur fürs Finish gewünscht ist. Gibt es fertig abgepackt in jedem Asienladen. Genauso fein: frittierte Schalotten.

NICE TO HAVE

Eine Auswahl an Zutaten, die meist
abhängig vom Rezept gekauft
werden und einen gerne schon mal
aus der Komfortzone holen:

5-GEWÜRZE-PULVER

Eine aus Sternanis, Zimt, Fenchel,
Gewürznelken und Szechuan-
Pfeffer bestehende Gewürzmischung,
die sich ganz besonders gut in
geschmorten Fleischgerichten macht.

BELACHAN

Diese zu einem harten, dunklen
Block gepresste Garnelenpaste
ist zunächst einmal eine Heraus-
forderung für alle zarten Nasen
und spätestens nach dem
trockenen Rösten in der Pfanne
werden alle Fenster aufgerissen.
Trotzdem bringt Belachan ein
unwiderstehlich komplexes Aroma
in die Gerichte und sollte nicht
einfach weggelassen werden.

CHAI POH

Eingelegter getrockneter Rettich aus
China, der vor der Weiterverarbeitung gut
gewaschen werden muss, da er ansonsten
viel zu salzig schmeckt. Besonders beliebt
zu Omeletts, Porridge und Chwee Kueh.

CHINKIANG-ESSIG

Dieser würzige schwarze Essig mit einer
süßen Note wird aus Klebreis hergestellt
und ist die unwiderstehlichste Dipsauce,
die man sich für Dumplings nur vorstel-
len kann.

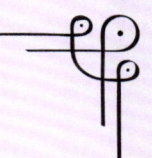

GALGANT

Auch unter Galangal bekannt. Eine Wurzel, die oft in einem Atemzug mit Ingwer genannt wird. Dabei ist Galgant deutlich härter und erinnert geschmacklich an harzige Pfeffer- und Zitrusnoten. Auch getrocknet findet die Wurzel Verwendung, so etwa in Currypulver.

GARNELEN (GETROCKNET)

Einfach perfekt, um eine Extradosis Umami- und Seafood-Geschmack in ein Gericht zu bringen. Je nach Verwendung weicht man die Garnelen vor dem Gebrauch noch ein.

GARNELENPASTE

Neben der zum Block gepressten Belachan-Paste gibt es auch weitere Garnelenpasten (z.B. Hae Ko, Nam Prik Pao, Terasi, Petis Udang) — und allen ist eines gemeinsam: Sie riechen penetrant und auch ihre Optik lässt meist zu wünschen übrig. Trotzdem können sie geschmackliche Wunder vollbringen, und es lohnt sich, sie auszuprobieren! Gut verschlossen und gekühlt aufbewahren.

GOCHUGARU, GOCHUJANG

Gochugaru sind koreanische Chili-flakes, Gochujang eine Würzpaste daraus. Diese Flakes sind im Vergleich zu herkömmlichen Sorten meist etwas milder, dazu haben sie ein leicht süß-liches-rauchiges Aroma und färben extrem kräftig. Flakes wie Paste lassen sich auch abseits der koreanischen Küche sehr vielseitig einsetzen.

GULA MELAKA

Dieser dunkelbraune malaysische Palmzucker wird in dicke eishockey-puck-ähnliche Scheiben gepresst und hat einen sehr charakteristischen rauchig-malzigen Geschmack. Notfalls durch herkömmlichen braunen Zucker ersetzen — das typische Aroma büßt man dann allerdings ein!

IKAN BILIS

Getrocknete Mini-Anchovis. Diese werden gewaschen, trocken getupft und anschließend goldbraun frittiert, bevor man sie als knuspriges Umami-Topping auf dem Gericht serviert.

KETJAP MANIS

Indonesische süße Sojasauce, die mit Melasse angedickt wurde. Eignet sich auch gut zum Dippen.

LAP CHEONG

Chinesische getrocknete Wurst aus Schweinefleisch, die man ähnlich pflegeleicht wie eine Chorizo immer im Kühlschrank haben kann.

MIRIN-REISWEIN

Klarer, sanft bis intensiv goldfarbener Reiswein aus Japan. Wird aus fermen-tiertem Reis gewonnen und besitzt im Gegensatz zu Shaoxing-Reiswein eine deutlich süße Note.

MISOPASTE

Paste aus fermentierten Sojabohnen, die sich nicht nur für die gleichnamige Suppe eignet, sondern auch zum Abschmecken von Gemüse, Fleisch und Fisch. Wer Misopaste noch nicht kennt, probiert am besten zuerst die mildere weiß-gelbe Paste (Shiro), danach die kräftigeren Pasten Shinshu (gelb) und Aka (rot).

PANDANBLÄTTER

Die etwa 50 cm langen, schlanken dunkelgrünen Blätter werden zum Aromatisieren von Reis und Süß-speisen eingesetzt. Sie haben eine schwer zu beschreibende, grasig-süße Note, die gut mit Kokosnuss harmoniert. Alternativ wird auch ein tiefgrünes Extrakt aus den Blättern eingesetzt (gerne beim Backen).

SCHWEINESCHMALZ

Bei uns im Zuge des gesunden Er-nährungstrends etwas aus der Mode gekommen, schätzen die Chinesen das Schmalz für verschiedene Wok-Gerichte sehr. Solange es nicht täglich auf dem Speiseplan steht, ist es eine geschmackvolle Fett-Alternative, die ein Gericht von „Lecker!" zu „Wow!" zu transformieren vermag.

TAMARINDENMARK

Wird aus den getrockneten bohnen-förmigen Schoten (auch Sauerdatteln oder indische Datteln) des Tamarin-denbaumes gewonnen. Gibt es zu Blöcken gepresst im Asienladen. Von dem säuerlichen Mark eine kleine Portion abnehmen, in wenig heißem Wasser einweichen und die Mischung dann durch ein feines Sieb drücken, um alle Kerne, Fasern und Schoten-reste zu entfernen.

REGISTER

Nicole Stich

Die freiberufliche Autorin, Fotografin und Genussesserin weiß, wie man fremde Länder am besten entdeckt — natürlich übers Essen: „Wenn ich es dann zu Hause fertigbringe, ein Gericht exakt wie in meinen Erinnerungen zuzubereiten, dann habe ich es nicht nur geschafft, einen köstlichen Reisemoment wiederaufleben zu lassen, sondern auch meine heimische Küche um eine wunderbare Facette bereichert." Findet sich neben dem Reisen und Büchermachen dann noch Zeit, schreibt sie auch auf ihrem vom TIME Magazine prämierten Foodblog www.deliciousdays.com.

Danksagung

Das allergrößte Danke geht an Oliver Seidel, der sich die letzten Wochen der Produktion des öfteren fragte, ob er noch zu Hause oder schon in einem asiatischen Porzellanladen lebt, auch dafür, dass er der beste Partner zum Reisen, Entdecken und Genießen ist. Ein Extra-Danke geht an Hande und Theo Leimer, Babsi Rosenmüller, Andrea Semhoff, Bärbel Seidel, Albert Völkl sowie alle Testköche und -esser.

© 2018 ZS Verlag GmbH
Kaiserstraße 14 b
D-80801 München

ISBN 978-3-89883-759-0
1. Auflage 2018

Projektleitung: Ines Alms
Lektorat: schönseitig, Christina Geiger, München
Grafisches Konzept: Eden & Höflich (Layout), Nicole Stich (Cover)
Grafische Gestaltung & Satz: schönseitig, Christina Geiger, München, Irene Schulz
Illustrationen: Shutterstock, Irene Schulz
Foodfotografie & Foodstyling: Nicole Stich
Autorenfotos: Oliver Seidel
Herstellung: Frank Jansen
Producing: Jan Russok
Druck & Bindung: optimal media GmbH, Röbel

Kurze Wege schonen die Umwelt
Dieses Buch wurde in Deutschland gedruckt

Im Buch enthaltene Fotos können zur eigenen Nutzung erworben werden unter www.stockfood.com

Die ZS Verlag GmbH ist ein Unternehmen der Edel AG, Hamburg.
www.zsverlag.de | www.facebook.com/zsverlag

Auf den Geschmack gekommen?

Fernweh ade: mit 80 Streetfood-Originalrezepten und stimmungs-vollen Reportagen aus aller Welt

Jutta Mennerich, Stefan Braun
Eat on the Street
€ [D] 21,99
ISBN 978-3-89883-522-0

Schlemmen wie im Urlaub: die besten Mezze-Rezepte aus dem Levante, von Grillgerichten bis zu Naschwerk

Nadia Zerouali, Merijn Tol
Souq
€ [D] 24,99
ISBN 978-3-89883-749-1

Gleich weiterkochen!

Jetzt überall,
wo es gute Bücher gibt.